石橋湛山を語る
いまよみがえる保守本流の真髄

田中秀征
Tanaka Shusei
佐高 信
Sataka Makoto

a pilot of wisdom

まえがき――今、なぜ湛山か

佐高　信

田中秀征さんとの出会いは私にとって人生の事件だった。一九七二年（昭和四七年）に山形県の高校教師をやめて上京し、経済誌『ＶＩＳＩＯＮ』の編集者となった私は、衆議院長野一区に保守系無所属として立候補して一敗地にまみれた秀征さんと知り合った。

最近、秀征さんは当時書いた『自民党解体論』（一九七四年）を旬報社から新装復刻したが、それを私は二〇二四年四月二一日付の『日刊ゲンダイ』で熱烈推薦した。その一文をまず次に掲げたい。

私より5歳上の著者が30代で私が20代の時に寄稿者と編集者として私たちは出会った。ちょうど50年前に出て〝幻の名著〟といわれた本が、いま、新装復刻された。その契機となる同名の論文を私が勤めていた『ＶＩＳＩＯＮ』に書いた経緯を著者はあるコラムでこう明かしている。

「私はこの雑誌に彼の強い勧めで『自民党解体論』を連載し、保守政治の将来に警鐘を鳴らした。しかし、無力な私が小さな雑誌で叫んでも政治的影響はほとんどない。それでも二人は意気盛んで、熱っぽく議論したものだ」

その後の著者の活躍は改めて記すまでもないだろう。宮澤喜一が「私の頭脳」と呼び、村山富市は全幅の信頼を寄せた。

いま、まさに自民党が解体しようとしている時、その後の責任勢力の再建がどういう方向でなされなければならないかをこの本は示してあまりある。自民党の中にいたことがあるだけに、たとえば二世議員批判も説得力がある。「彼らは、維持者としての使命を忠実に果たすために、何かしているふりをしながら、『何もしない』ことを厳しく要求される」とし、「彼らには、存在は許されても、行動は許されていない」と結論づける。

チャーチルは「ペンだこのある政治家」といわれたが、著者のペンもシャープでみずみずしい。

「復刊にあたって」で著者は自民党結成30周年の新綱領に「憲法を尊重する」という

一項を入れようとした時のことを振り返っている。それをめぐって「右派宗教団体」が著者を徹底的に叩《たた》き、怪文書を選挙区にバラまいたというのだが、それが統一教会であることは明らかだろう。そうしたものと決別しないで自民党が再建できるはずがない。しかし、自民党の中に断固とした決別の機運は見えない。私の分類で言えば、ダーティーなタカばかりになってしまった。

この『自民党解体論』を渥美清《あつみきよし》が買って読んだという。渥美も著者が執筆の場所にしていた駒沢通りのカフェの常連で、店主にひと言、「勉強になったよ」と告げたとか。

「彼がその店で本書を読んでいるとき、私と会って遠くから立って頭を下げてくれたのがうれしかった思い出です」と著者は書いている。

著者は石橋湛山の孫弟子を自任しているが、この本は湛山思想を基にした現代の実践的「自民党解体論」である。

ところで、今、石橋湛山は、世界的にも注目され、読まれている。

その一人が米国の学者、リチャード・ダイク氏だ。氏は、ハーバード大学のエズラ・ヴォーゲルの下で日本研究で博士号を得た学者だが、転身して日本で半導体関連の企業を経営してきた異色の人である。学問への関心を持ち続け、湛山を知って著作の翻訳に取り組んだ。

「いま私は石橋湛山の英訳に取り組んでおり、毎朝3時間『石橋湛山全集』を読んでいます。石橋湛山は本当にすごい思想家ですから、全集を読むのはとても楽しい作業です。湛山はアメリカであまり知られていませんが、アメリカにとっても重要な人物です。現在、アメリカは政党政治と米中関係の危機に直面しています。いまの米中関係は最悪で、冷戦の時代に逆戻りしています。アメリカの中国に対する批判は、共産主義に対する批判と二重写しになっているのです。アメリカがこれらの危機に向き合う上で、かつて日本の政党政治や日中関係の危機に立ち向かった石橋湛山の民主主義論や中国論はとても参考になります」(「『超党派石橋湛山研究会』発足!」『月刊日本』二〇二三年七月号)

と語っている。

ダイク氏のことは、二〇二二年九月八日付の朝日新聞「ひと」欄で知った。「米国の学者は、日本の民主主義は米国の占領がもたらしたと考えがちです。そのため、湛山に注目してこなかったのでは」と語っているのに着目した。

ダイク氏は、二〇二三年六月一日、永田町に超党派の「石橋湛山研究会」が発足した際、その記念講演で、こんな発言もしている。

「石橋湛山の理想を実現したのが田中角栄だった」

一九七二年、日中国交回復のために中国を訪問する前、田中が石橋邸を訪れて「これであなたの夢は実現します」と語ったことに触れ、そう断言したのだ。

私はこの発言を聞いて、さらにダイク氏に関心を抱き、『月刊日本』（二〇二三年八月号）で、石橋湛山没後五〇年の対談をした。

石橋湛山
写真 共同通信社／ユニフォトプレス

タイトルは「日本はアメリカと心中するのか」

そこで私はダイク氏にこう言った。

「湛山はアメリカでは必ずしも評判は良くないですよね。GHQ（連合国最高司令官総司令部）が日本を占領していた時代には、湛山は吉田

（茂）内閣の大蔵（現・財務）大臣として占領軍の駐留経費に切り込むなど、事あるごとにＧＨＱと対立していました。その後、湛山は総理大臣になりますが、すぐに病気になって退陣してしまいました。だから、アメリカで湛山に興味を持つ人がいるとは思ってもいませんでした」

読者には意外かもしれないが、私は湛山と角栄に三つの共通点があると思っている。

第一に、米国の言いなりにならず、主張すべきことを主張したこと。軍国主義に徹底的に抵抗したジャーナリストだった湛山が、何と公職追放になったが、それは吉田茂がＧＨＱと組んで追い出したとも言われる。角栄もまた米国に先んじて中国との国交回復を推進したことが、とりわけキッシンジャーの怒りを買って、ロッキード事件の犠牲になった。民間機の角栄より、軍用機の中曽根康弘の方が巨大疑惑なのに看過されたことは確かである。

第二に、ともに官僚出身ではなく党人派であること。実際、角栄の自民党総裁就任は、湛山以来、一五年ぶりの党人総裁の実現だった。また、これは党人派すべてに言えることではないが、結果的にせよ、世襲を排したことを挙げたい。湛山は息子に継がせる気もなかったし、息子も継ぐ気もなかった。党人の民権派である松村謙三もそうだったが、現在はびこっている「公職私有」など論外と、親子ともども考えていたのである。角栄の場合は娘が継いだではないかと言われるかもしれないが、孫にその気がなかった。これは重要なことだろう。

第三に、女性に対する差別意識がなかったことを挙げたい。私が湛山伝を書いた際に、最も印象に残ったのは、娘が、次のように回想したことだった。「父からは、女のくせにと言われたことは一度もありません」（『孤高を恐れず』講談社文庫、一九九八年）。湛山の育った時代を考えれば、これは稀有《けう》なことなのではないか。

角栄は姉妹に囲まれた「ただ一人の男」として育ったために、女性を大事にし過ぎるほど大事にした。いわゆるタカ派が家父長制的考えで女性を差別しがちであるだけに、この点は非常に重要だと私は思う。

湛山は宏池会《こうちかい》をつくった池田勇人《はやと》を重用し、池田は佐藤（栄作）派ながら角栄を重用した。経済重視と軽軍備、つまり民の生活を大事にする政治の系譜だ。現在の岸田派はとても宏池会とは言えず、安倍派の清和会《せいわかい》に近い清和会亜流だが、宏池会本流の前尾繁三郎、大平正芳《まさよし》、そして宮澤喜一は湛山を尊敬し、湛山の著作に親しんできた。

労作『田中角栄―戦後日本の悲しき自画像』（中公新書、二〇一二年）の著者、早野透《とおる》は

「戦後民主主義の上半身は丸山眞男が形成し、下半身は田中角栄が支持した」と喝破したが、それは丸山を湛山に代えた方が、より実態に近いだろう。「上半身は湛山が形づくり、下半身は角栄が支えた」のである。

その特色は批判や異論を大事にすることだった。安倍晋三のように「あんな人たち」などとは口が裂けても言わないのである。

私はその湛山の流れを汲《く》むのは、中村哲だとも思っている。言うまでもない。戦乱と干ばつに苦しむアフガニスタンで、三六年間にわたり人道支援を続け、医師という立場を超えて井戸の掘削や用水路の建設にも取り組み、多くの命を救った人物である。一六〇〇本以上の井戸を掘削、二五キロ以上の用水路も建設し、砂漠化した大地に緑を蘇《よみがえ》らせたが、二〇一九年に何者かに銃撃され死亡した。

その中村は、憲法九条に何度も助けられたと言っていた。日本は憲法九条のおかげで他国を侵略しない国と見られていたので、現地で活動していても敵意を向けられなかった、というのだ。私から言わせれば、まさにこの中村の考え方・行為に、湛山から角栄へと脈々と続く精神が息づいている。

今、なぜ湛山か。ここまでお読みいただいたら、それなりの関心を持っていただけるのではないか。

この湛山精神を今の世にどう復活させるか。私を導いてくれるその案内役は、田中秀征さんにお願いした。

秀征さんは、一九九〇年代前半の新党ブームの火付け役「新党さきがけ」の理論的指導者で、湛山の論跡や業績を深く研究し、宮澤喜一、石田博英《ひろひで》、宇都宮徳馬、井出一太郎氏ら湛山とゆかりのある人々ともつながりを持ってきた人だ。「私は湛山の孫弟子と言われたことを最大の誇りにしているんですよ」とも語っている。私が知る限り、湛山を語り、かつその精神を実践してきた第一人者である。

この国の知的財産である湛山の思想を今にどう生かすか。秀征さんと私の対話から汲み取っていただければ幸いである。

なお、『西山太吉　最後の告白』（集英社新書、二〇二二年）に続いて、強烈な問題意識でこの本をまとめてくれた毎日新聞元政治部長の倉重篤郎さんに深く感謝いたします。

石橋湛山略年譜（『石橋湛山全集』第15巻をもとに作成）

1884年（明治17年・0歳）	9月25日、東京市麻布区にて出生。
1902年（明治35年・18歳）	山梨県第一中学校（現・甲府一高）を卒業。
1908年（明治41年・24歳）	早稲田大学宗教研究科を修了、東京毎日新聞社入社。
1909年（明治42年・25歳）	東京毎日新聞社退社、陸軍に一年志願兵として入営。
1911年（明治44年・27歳）	東洋経済新報社に入社。
1921年（大正10年・37歳）	『東洋経済新報』に「一切を棄つるの覚悟」「大日本主義の幻想」発表。日米戦争を予言。
1929年（昭和4年・45歳）	金輸出解禁問題で、精力的に「新平価解禁」の論陣を張る。
1941年（昭和16年・57歳）	2月、東洋経済新報社社長に就任。
1944年（昭和19年・60歳）	次男和彦、ケゼリン島にて戦死。
1945年（昭和20年・61歳）	4月、東洋経済新報社の一部を秋田県横手町（現・横手市）に疎開。8月15日、終戦。東京本社に復帰、「更生日本の針路」執筆。
1946年（昭和21年・62歳）	3月、衆議院議員選挙で自由党から東京第二区に立候補（4月、落選）。5月、第一次吉田茂内閣の大蔵大臣に就任。
1947年（昭和22年・63歳）	3月、衆議院議員選挙に自由党公認で静岡二区から立候補（4月、当選）。5月、GHQより公職追放指令。
1951年（昭和26年・67歳）	6月、公職追放解除。「湛山が還ってきた」大ブーム。
1952年（昭和27年・68歳）	9月、衆議院議員選挙に静岡二区より立候補（10月、当選。以後、1963年まで衆議院議員）。 9月29日、自由党より除名。
1954年（昭和29年・70歳）	11月、再度自由党より除名され、民主党結成に参加。 12月、第一次鳩山一郎内閣の通産大臣に就任。
1955年（昭和30年・71歳）	11月、保守合同による自由民主党結成に参加。
1956年（昭和31年・72歳）	12月14日、第三回自由民主党党大会の総裁選挙で決選投票の結果、岸信介を破り総裁に選任。 12月23日、総理大臣に就任。
1957年（昭和32年・73歳）	1月、急性肺炎のため倒れる。 2月23日、退陣表明。石橋内閣総辞職。総理大臣を辞任。 2月25日、岸信介内閣発足。
1960年（昭和35年・76歳）	6月、安保騒動に関し岸首相への勧告文を作成、使者に託す。
1961年（昭和36年・77歳）	日中米ソ平和同盟案を発表し、各界人士に呼びかける。
1963年（昭和38年・79歳）	11月、衆議院議員選挙で落選。
1967年（昭和42年・83歳）	病床より「政治家にのぞむ」発表。
1972年（昭和47年・88歳）	『石橋湛山全集』全15巻刊行完結。 9月、田中角栄首相が湛山を見舞う。
1973年（昭和48年・89歳）	4月25日、脳血栓により死去。

目次

第二章 「表安保、裏安保」とは何か？ ――湛山の知恵

第五章　湛山を生きるとは？

――田中秀征の湛山愛

「寛容と忍耐」の名付け役
親湛山政権を意図した村山内閣
村山談話は歴史的功績
中村哲こそ湛山の後継者
『自民党解体論』の執筆
無所属にこだわった理由
なぜ自民党を離党したか
連立政権成立の舞台裏
「日本新党・さきがけ」はなぜ連立の主導権を握れたか
村山内閣での組閣秘話

本文中の肩書きは当時のもの。敬称は省略した場合もある。
また、引用文は読みやすく表記を改めたものがある。

構成／倉重篤郎
年譜作成／ＭＯＴＨＥＲ

第一章　小日本主義とは何か？

——湛山の本質

大日本主義へのアンチテーゼ

佐高　湛山思想の代名詞とも言うべき「小日本主義」から始めましょう。ひと言で言えば、どういったらいいですかね。

田中　端的に言えば、日本は本州などの主要四島、つまり固有の領土で十分やっていける、それが世界のためにもなるし、日本のためにもなる、ということですよ。

佐高　湛山がこの考え方を打ち出した時点では、世の大勢とは全く逆の少数意見、ある意味革命的と言えるほど大胆な思想だったともいえます。湛山がこの小日本主義を世に初めて問うたのは、一九二一年（大正一〇年）の『東洋経済新報』の社説「一切を棄《す》つるの覚悟」「大日本主義の幻想」でした。この年にワシントンで開かれた史上初の国際軍縮会議（ワシントン会議）向けに書いたものです。

田中　四年余にわたり五〇か国が参戦、三〇〇〇万人を超える死傷者を出した第一次世界大戦が終わり、この惨劇への反省から、世界は軍縮の気運が生じていた。湛山もその国際世論の変化に向けて、筆を執ったわけだ。

「**我が国のすべての禍根は、…小欲に囚《とら》われていることだ、志の小さいことだ**」「**すべてを棄てて掛かるの覚悟があるならば、…必ず我に有利に導き得るに相違ない**」としたうえで、「**例えば満州を棄てる、山東を棄てる。…また例えば朝鮮に、台湾に自由を許す、その結果はどうなるか**」(「一切を棄つるの覚悟」)と大胆不敵に論じていった。

佐高　世界は厭戦《えんせん》気分だったが、当時の日本は、日清、日露で勝ち、朝鮮半島と台湾を植民地化、猫も杓子《しやくし》もイケイケどんどん、「総大日本主義」志向の時代でしたよね。そんな中で、既得権益を自ら捨てろ、という湛山の論考は、ビッグサプライズを呼んだ。今で言えばなんだろう。日米安保条約はもういらない、破棄すべきだ、ぐらいにあたるんでしょうかね。

田中　ある意味「大日本主義」が、日本の事実上の国是みたいなものだったからね。明治以来、日本は領土が狭いこと、人口が過剰なこと、資源が乏しいことが発展する壁であり、何らかの方法で領土を拡大し、人口を分散し、安定的な資源供給を確保することを目標に国家運営をしてきた。

佐高　今でもそんな考えを持っている連中は自民党にいそうですけどね。

田中　湛山はこの路線に対して明確なアンチテーゼを提起したわけだ。「大日本主義の幻想」では、「支那や、シベリヤに対する干渉は、もちろんやめろ」とまで踏み込んだ。これまた当時の日本の風潮からすると考えられない言説だったが、「大日本主義は、いかに利益があるにしても、永く維持し得ぬ」と主張、「民族的な抵抗には最終的にかなわなくなる」と警告した。

佐高　湛山はこの中で、朝鮮、台湾、樺太《からふと》などこれら植民地を領有する経済的、軍事的デメリットを具体的に論じてますね。

田中　曰《いわ》く「この三地（朝鮮、台湾、関東州）を合わせて、昨年、我が国はわずかに九億余円の商売をしたに過ぎない。同年、米国に対しては輸出入合計一四億三八〇〇万円、インドに対しては五億八七〇〇万円、また英国に対してさえ三億三〇〇〇万円の商売をした」と。

佐高　要は、朝鮮、台湾、関東州のいずれをとっても英国との貿易額には及ばない、と数字を挙げて論証しているわけです。

田中　軍事的にも手放した方が得策だと言っている。つまり、「満州、朝鮮、樺太も手放せば、戦争は絶対に起こらないし、我が国が他国から侵略されることもない。これらの土地が国防上必要だというが、そうするからこそ、つまり植民地を持とうとするからこそ国

防の必要が起きるのだ。それらは軍備を必要とする原因であって、軍備の必要から起こった結果ではない」と言っている。

佐高　植民地主義というものが長続きしないことも的確に指摘してますね。

田中　さらにこう書いている。「**思うに今後は、いかなる国といえども、新たに異民族または異国民を併合し支配するが如《ごと》きことは、とうていできない相談なるはもちろん、過去において併合したものも、漸次これを解放し、独立または自治を与うるほかはないことになるであろう**」と。言いたいのは、大日本主義による利益がたとえ一時的にあったとしても、民族的な抵抗には最終的にはかなわなくなるだろう、という一種の民族史観だね。今のロシアや中国の指導者に聞かせてやりたいね。

佐高　そこがすごい。第二次大戦後の植民地独立の流れを、この時すでに明確に読んでますよね。

田中　このへんの洞察は実に鋭いものがある。こんな言い方もしている。「**大日本主義を捨てよ、ということは決して小さな国土に甘んじよ、ということではない**」「**却《かえ》ってそれを世界大に拡《ひろ》げるのだ**」と。湛山の言葉を借りれば、大日本主義では大日本になれない。小日本主義に徹することで大きく飛躍できる、ということだね。

佐高　世界隅々まで貿易や通商のネットワークを拡げ、貿易大国になれ、ということですね。

田中　領土を拡げることにより他民族を支配、管理する、あるいは、そのために軍事大国になることのリスク、手間暇をかけるより、つまり、帝国主義的に植民地経営して領土大国になるよりも、領土小国・貿易大国の方がはるかに賢明であると。ただ、この正論は当時は実現されることがなかった。誠に残念なことだが、当時の識者でこの小日本主義を正確に理解していた人は少なかった。

佐高　だから、もう戦争に負ける間際になっても、湛山以外、偉い人たちの誰もが、四つの島で生きていく覚悟をなかなか決められなかったわけだ。

湛山だけが「日本は四つの島で十分だ」と主張

田中　その証拠の一つに、戦時中の一九四四年（昭和一九年）一〇月に設置された「戦時経済特別調査室」での議論があるね。当時湛山は東洋経済新報社の社長（一九四一年就任）として、軍部に押さえつけられながらも、リベラルな言論人としての地歩は固めていた。

佐高　八・一五敗戦まで一年足らず、という時ですね。すでに日本はインパール作戦の失敗、サイパン島玉砕などを経て敗色濃厚でしたが、湛山の目はすでに戦後に向いていた。さまざまな形で戦後研究を進める中、自らの財界人脈を生かして、時の石渡《いしわた》荘太郎蔵相に働きかけて、大蔵省内に非公式の秘密委員会を立ち上げます。

田中　そう。それが「戦時経済特別調査室」だった。世話人は大蔵省総務局長で、後に日銀総裁になった山際正道《やまぎわまさみち》、メンバーは、大河内《おおこうち》一男、荒木光太郎《みつたろう》ら学界、財界の錚々《そうそう》たるメンツだった。

佐高　今振り返ると、相当踏み込んだ議論をしてますね。戦後日本の領土範囲の問題、人口、物資、戦時経済統制をどうするか等々で、ほぼ週一回会合を開き、一九四五年（昭和二〇年）三月末まで活動してます。

田中　その領土の範囲の問題について、小日本主義に関わる興味深いエピソードが残されているんだ。討議に参加した経済学者で、後に一橋大学学長になる中山伊知郎さんが晩年回想したもので、一九七〇年（昭和四五年）に『石橋湛山全集』が刊行開始され、第一二巻が出た時、そこに挟まれている月報に一文として掲載されているのを、たまたま僕が見つけたんだ。

それによると、会合の最後の頃はすでに米英ソによるヤルタ協定（一九四五年二月一一日）で戦後日本を主要四島に限る、としたことが明らかになっていた。当然この問題が委員会の中でも議論になり、湛山が「**四つの島になったら、四つの島で食っていくように工夫すべきであるし、やり方によってそれはできる**」と主張したという。

佐高　この戦時経済特別調査室発足から二三年も前に、すでに「一切を棄つるの覚悟」で小日本主義を世界に問うていた湛山からすれば、その延長線上の発言ですよね。世の中もさすがに、この大東亜戦争という大日本主義の大失敗に対して、反省の念にかられていてもおかしくない時期です。

田中　そう。にもかかわらず、他の参会者の反応はそうではなかった。この会合には、先に挙げたように、戦後の経済界、学界でも名を成した人、しかも、どちらかというとリベラル系の人たちが集まっていたんだけど、湛山のこの言には誰一人として賛同しなかった、というんだ。最良の知性、第一級の経済学者であった中山さんでさえ、判断に迷ったという。この回想では「正直なところ私にはどうしていいか分らなかった。四つの島で、この大きな人口を抱えて、これからどうしていくのか」とね。

佐高　中山伊知郎といえば、戦時期には近代経済学の中でも理論研究を重視する「純粋経済学」の担い手とされ、戦後も中央労働委員会会長、日本統計学会会長など務め、学者人生を極めた人でした。

田中　中山さんはこんな風にも言っている。「ヤルタ協定の内容を動かぬものとして受けとって、その上に四つの島での生き方を徹底的に考えていた石橋さんには歯が立たなかった。議論ですでに負けたし、その後の事実の進行では、いっそうはっきり負けた」とね。

佐高　負けた、ですか。

田中　だって、日本は戦後、湛山の言う通りに四つの島だけで見事に立ち直ったばかりか、世界有数の経済大国として重きをなすに至ったわけだからね。中山さんに言わせると、「日本の経済が、敗戦の焼跡から立上り、復興し、成長する各段階ごとに、私はこのこと(調査会での湛山とのやり取り)を想《おも》い出す」となる。僕はこれを読んである意味仰天したわけだ。軍国主義に反対だった中山さんたちですら、四つの島ではやっていけないと思っていたんだとね。

佐高　もうすでにB29の本土空襲が連日行われている時でしょう。物資も乏しく言論も縛られた時代ですよね。大蔵省会議室で暗い材料ばかりの雰囲気の中、湛山一人気勢を上げ、確信犯的に「日本は四島でやっていける」と楽観論をぶっている姿が彷彿《ほうふつ》としますね。

田中　湛山は、終戦を疎開先の秋田県横手市で迎えているが、玉音放送で終戦を告げられると、翌日には横手の人を集めて「**新しい日本の前途は実に洋々たるものがあります**」と檄《げき》を飛ばしている。この終戦のときの湛山の様子を、僕は長男の湛一さんから詳しく聞いているが、書斎に入る湛山の背中からは「声をかけるのもはばかられるほど強い覇気と勢いを感じた」と語っている。当時一番リベラルな優れた経済学者ばかり集まっていながら、四つの島でやっていけると言ったのは湛山だけだった。一人として味方のいない孤高の判断だったけど、歴史は湛山に軍配を上げたわけだ。

背景にグラッドストンとJ・S・ミル

佐高　湛山がこれだけ理論化した小日本主義ですが、実は湛山オリジナルではないそうですね?

田中　そう。小日本主義は湛山の専売特許ではない。彼が東洋経済新報社に入社する頃に、小日本主義、反帝国主義は、東洋経済独自の論調として固まりつつあった。それはまた、アダム・スミスの自由放任主義、ジョン・スチュアート・ミルの功利主義の帰結としての小国主義でもあった。湛山の先輩主幹であった三浦鉄太郎《みうらてつたろう》がこの路線を確立し、湛山の役割はこれを体系化して継承発展させたことにある、と言っていいね。

佐高　当時の欧州には似たような考え方がありましたよね。

田中　「大ドイツ主義vs小ドイツ主義」と、「大イギリス主義vs小イギリス主義」という独英両国において似たような政治路線の対立があった。大ドイツ主義とは、ドイツ統一の目標を、オーストリアまで含めた、ほぼ神聖ローマ帝国の版図を包含する「大ドイツ」とするもので、小ドイツ主義とは、少なくともオーストリアを除いた国家群の統一を目指すものだった。

佐高　結果的に、一八四八年のフランクフルト国民議会では、大ドイツ主義ではまとまらず、後にビスマルクのプロイセン王国が主導権を握った小ドイツ主義によってドイツは統一された、となってます。

田中　ドイツ統一の立役者だったビスマルクが大ドイツ主義に消極的だった。彼は常にプロイセンの統治能力がどの程度のものかを冷静に見ていた。いたずらに国土を広げ、その統治能力を超えた国家を作れば、一時は凱旋《がいせん》気分になるだろうが、いずれ破綻を招く、ということがよくわかっていた。当時の彼の言動には、「我々は（すでに）満ち足りた国だ」

「ドイツはすでに飽和している」などと、大ドイツ主義を牽制《けんせい》するものが残されている。普墺《ふおう》戦争（一八六六年）、普仏戦争（一八七〇年）で勝っても、この原則は貫かれた。

佐高　汝《なんじ》、身の丈を知るべし。それとも足るを知れ、という一種「知足」の精神ですかね。そこが大日本帝国とは違ってました。

田中　ただ、歴史は皮肉だね。当時の皇帝、ヴィルヘルム二世の即位で、ドイツは大きな方向転換を遂げる。ヴィルヘルム二世が、もともとそりの合わなかったビスマルクを罷免し、皇帝主導の帝国主義的膨張策を展開。大ドイツ主義に立ち戻ったかのように、第一次世界大戦に突き進んでいく。そして、そこでの敗戦がワイマール体制という束《つか》の間《ま》の小ドイツを生み、再びヒトラーの大ドイツ主義で破滅的な道を辿《たど》ることになるんだからね。

佐高　イギリスはどうだったんですか。

田中　大イギリス主義とは、一九世紀後半にディズレーリら保守党の主張した帝国主義的領土拡張論で、これに対して、グラッドストンら自由党は、大英帝国の植民地経営はかえって経済的に負担が大きく、できるだけ早くすべての英国植民地地域に自治権を与えるべきだと小イギリス主義を提唱した。

このグラッドストンは自由党の重鎮で、ディズレーリと並んで二大政党によるイギリス議会政治の基礎を築き、四度も首相に選ばれた人だ。一貫して帝国主義と社会主義に反対、自由主義的立場を堅持した。湛山も大きな影響を受け、こう書いている。「**代議政治の要諦は、その政治機関、要するに議会および政府に優秀なる人物を得ることである。一人のキリストがあれば、人類は思想的に救われる。一人のグラッドストンが出れば、人民は政治的に解放される**」とね。一九二〇年（大正九年）の『東洋経済新報』だ。要は、政治とはトップ指導者の力量の問題だと。一人の優れた人が出てくれれば、それはキリスト並みの影響力を持つということだね。

佐高　小日本主義には、ミルの影響もあったとか？

田中　湛山にとっては、ミルがバイブルだった。

佐高　ミルは一九世紀に活躍したイギリスの政治哲学者、経済思想家でもあり、政治哲学においては自由主義・リバタリアニズムのみならず、社会民主主義の思潮にも多大な影響を与えた人物でした。

田中　グラッドストンがミルの思想と一体的となって、小イギリス主義を形成したと言える。

佐高　ミルというと、『自由論』（一八五九年）ですね。人々が本当に人間らしくあるためには、彼、彼女自身が自由に考え、話せる状態が必要だとしています。経済政策としては、政府の再分配機能を重視しています。

田中　そうね。漸進的な社会改革を行うことに期待し、「大きな政府」によるセーフティ・ネットの構築に、激化する階級対立の処方箋を見出《みいだ》したと言える。後のケインズに近いね。湛山は、グラッドストンの小日本主義とミルの寛容を一体のものとして、自分の政治家の足場として取り込んだ、と言える。そして、ミルに傾倒した宮澤喜一は、池田勇人政権の看板に「忍耐」とともに「寛容」を加えた。

小日本主義を成り立たせる条件①「自由通商主義・ブロック経済批判」

佐高　小日本主義と言うと、武村正義《まさよし》さんの『小さくともキラリと光る国・日本』（光文社、一九九四年）という本がありました。湛山にならい、日本のあるべき姿を「小さくとも……」と表現しましたね。

田中　そうね。武村さんも湛山が好きで、新党さきがけの党のスローガンにも「質実国家」「足るを知る経済」を掲げたんだよね。もう亡くなったけど（二〇二二年九月死去）。ただ僕はね、「小さくとも」というところが面白くない、と本人に注文を付けたことがあった。何で小さい必要があるんだと。ひと言で言うと、おセンチな響きがあるんだな。そういう言葉は僕に言わせると、ダメ。小さくても頑張ろうよって、そういう感じの。

佐高　負け惜しみ的な。

田中　湛山の小日本主義とは、そういうことではないんだな。日本が小さいことにがまんして世界の片隅で生きていくことでは全くない。湛山の言葉を借りると、「**平和主義により国民の全力を学問技術の研究と産業の進歩とに注ぐ**」ことが不可欠で、「**兵営の代わりに学校を建て、軍艦の代わりに工場を設ける**」ことを優先、「**もって諸外国の役に立つことを目指す**」ものなんだ。人や技術の質を高めれば、領土を拡大するよりはるかに大きな利益をもたらすという主張だった。

佐高　学問技術では大日本を目指す。特に資源が少ない日本にとっては、ということですね。

田中　日本に与えられたものは、それこそ少ない。特に、資源はね。だから最近、学生たちに話したんだ（田中氏は二〇二四年現在、福山大学客員教授）。ウクライナ戦争におけるロシアの強さというのは、その圧倒的な供給力にある。食料とエネルギーと武器、この三つについて圧倒的な供給力を持っているからロシアは強いんだって。

佐高　そこがロシアの絶対的な強みだから。ウクライナも思ったような反転攻勢ができないでいますね。

田中　日本は、そのロシアとは正反対の国だ。食料も武器もそうだし、エネルギー源もみんな他国から持ってこなきゃいけない国だから。

佐高　日本はその全部がない。だからついつい大日本主義に走ってしまう。

田中　そういうわけで、この日本で小日本主義を貫く、というのはそんな簡単なことではないんだよね。

佐高　秀征さんは、小日本主義を実現するためには、果たすべき必須の条件があると言ってますね。

田中　それは、湛山も指摘しているけど、まずは、**世界経済が自由通商主義、経済合理主義、国際協調主義に貫かれていること**だ。そのためには日本が外交努力を積み重ね、世界がそういう方向に向かうようにすることが肝要だ。ただ、資源はともかく、食料自給率はできる限り高めておくべきだ。

佐高　まずは自由通商主義だと。

田中　これは小日本主義を成り立たせる不可欠な条件だ。一九四一年（昭和一六年）の真珠湾攻撃の前に、湛山は『東洋経済新報』誌上に、**ブロック経済を否定、自由通商主義を称揚する論文を発表している。**その中で彼は、**複数のブロック経済圏が地球上に割拠すれば、いずれ深刻な抗争をもたらすだろう**と強く警告した。

佐高　あの当時世界は、ナチスの台頭などによってまさに分断されていきましたね。

田中　有力国が自由貿易から保護貿易に転じ、それぞれが市場や原料供給地を囲い込む閉鎖的な経済圏（ブロック）を作り始めてしまった。大東亜共栄圏もその一つだ。他のブロックと比べて不足する資源、生産要素を補うためには、それを奪い取る抗争が避けられないからね。

佐高　コトの道理ですね。

田中　ただ、ブロック経済圏批判でも、湛山は孤立してしまった。アジアでのブロック経済圏形成を目指す大東亜共栄圏構想を否定するものだったから。

佐高　ブロック経済圏といえば、戦後も東西二つに分かれました。ポスト冷戦でようやく世界経済は一元化、グローバル化したけれども。

田中　湛山自身はそれを目撃することはできなかったけど、もし存命であれば、待ちに待ったものがきた、ということだろう。ただ一方で、経済強者が人や環境を使い捨てにするグローバル経済の負の側面には、新たな警鐘乱打をしただろうね。

佐高　ところで、今の時代、新たなブロック化の動きが出てきましたね。中国の台頭によるデカップリング（米国が対中投資や通商を規制する経済分断）問題。経済安保です。

田中　米中両大国の覇権競争によって始まったものだね。半導体など最先端技術開発において米国側が対中優位を維持しようと、西側による対中技術包囲網を作ろうという。その包囲網の一端を日本も担わされた。

佐高　安倍政権末期の二〇一九年九月、国家安全保障局の局長が、外務省出身の谷《や》内正太《ちしょうた》郎《ろう》から警察庁出身の北村滋に変わり、北村主導で局内に経済安保を扱う「経済班」を設置、自民党側は甘利明や高市早苗が中心になって法制度の準備を進め、岸田文雄政権になって二〇二二年五月に「経済安全保障一括推進法」を成立させました。国の安全保障に関わる電気、水道、ガス、鉄道など基幹インフラ事業者に対しては、重要設備の導入・維持管理等の委託に関する計画書の事前届け出が求められ、審査の結果、外部から妨害行為が行われる恐れが大きいと認められる時には、必要な措置を当局が勧告する、とされています。企業からすると、中国関連の商売をする時には、細かいところまで役所に監督されることになった。

田中　中国との技術覇権競争で何がなんでも勝たねばならぬという米国の国益と、隣国としてその大きな市場に依存し、かつウィンウィンで平和共存していかねばならないという日本の国益の違いをどう見るか、ということだろうな。

佐高　湛山だったら、どう論じてましたかね。一つ言えるのは、この経済安保統制という流れを背景に、功を焦った公安警察の勇み足とも言える冤罪《えんざい》事件が発生したことです。それが、大川原《おおかわら》化工機事件（生物兵器の製造に転用可能な噴霧乾燥機を、経済産業省の許可を得ずに輸出したとして、二〇二〇年三月、警視庁公安部外事一課が同社代表取締役らを外為法の輸出管理規制違反で逮捕するも、杜撰《ずさん》な捜査と証拠により冤罪が明らかになった事件）です。

公判中に、捜査を担当した警察官の一人が事件について、「捏造《ねつぞう》ですね」「捜査員の個人的な欲でそうなった」と証言したことが大きく報道されました。経済安保の名で、根拠も不明確なまま身柄を長期拘束し、ひたすら自白を強要する、人権蹂躙《じゅうりん》の違法捜査。反中ムードに乗じた経済安保の危うさを象徴した事件でした。

小日本主義を成り立たせる条件②「科学技術の優位性」

田中　繰り返すけど、湛山が言う小日本主義が成立する絶対条件は、諸外国との友好関係だ。これにより、資源、人材でも自国にないものを得ることができ、相手国がないものはこちらから供給できるというウィンウィンの関係が、自由貿易の絶対的な条件なんだ。それは相手が中国でも一緒だよ。

佐高　要は双方向ですよね。相手国にない、彼らが欲しがるものを日本側が供給できなくてはダメということで。

田中　そこがとても大事。相手が欲しがり、こちらが供給できるのが、日本の科学技術力だ。時代に最も必要なものを作り出せる力だよ。科学技術振興、そのレベルアップ、あえて言えば科学技術面での大日本主義をとことん追求していくのが死活的に重要だ。湛山の小日本主義の思想は、日本が科学技術の最先端を行くことを格別の前提としている。

佐高　しかし、どうも日本の科学技術力に陰りが見えていますよね。

田中　僕もそう思う。象徴的な場面だと思ったのは、二〇二一年にノーベル物理学賞を受賞した真鍋淑郎《しゅくろう》さんの件だね。彼は受賞後に記者会見はしたものの、受賞の成果と喜びを日本社会の中で分かち合おう、という感じがなかった。

あの会見で彼が言ったことを僕はすぐメモしたけど、「私は生涯で研究計画というものは、一度も出したことはないんですよ」の繰り返しだった。つまり逆に言うと、日本という国は、研究者に対し、研究計画ばかり出させる国だということ。真鍋さんはそこに馴染《なじ》めなかったし、それが嫌で米国に渡ったのだから、今さらその世界（日本）には戻れない、という気持ちであることが、僕には痛いほど伝わってきたね。

佐高　真鍋さんは、気候変動に関するコンピュータを使った数値モデル開発の第一人者です。東大で理学博士にまではなったが、早い段階で日本に見切りをつけて渡米した一人ですね。米国立気象局大循環研究部門の研究員、米海洋大気庁地球流体力学研究所の上級研究員、プリンストン大学大気海洋科学プログラムの上級研究員などを歴任している。米国の研究環境の方が肌に合った、ということでしょうね。

田中　僕に言わせると、研究計画を出せと言うのは、文部科学省の官僚や、その意を受けた大学の上司だろう。つまり「非専門家」。その「非専門家」が「専門家」の格付けをしているようなもので、これでは真鍋さんだけでなく、みんな逃げていってしまうのも無理もない。

佐高　非専門家による専門家の査定。過去にはそんなことはなかった、と。

田中　昭和二〇、三〇年代は行政側は矩《のり》を越えなかった。これは文科省だけでなく他省庁も同じだ。現在の官僚は何か大変な勘違いをしているんだろう。

佐高　研究計画の縛りがなくて自由に研究できたんですね。

田中　そう。それが次第に変わっていく。学識的にも人物的にも立派な人が正当に権力を行使する、という感じではなくて、非専門家の官僚が研究費の分配権を武器に身の丈を超えた権限を振り回す、という形になっていくんだ。

佐高　そうなると、研究する側も嫌になってしまう。

田中　とにかく計画を出せ、それを見てから補助金を出すかどうか決めると。計画を見るといっても、見る人間が専門家じゃないんだからね。どれだけの理解ができるかはお寒いものだ。結局、気に入った人や部局を優遇することになる。

佐高　これだけ科学技術が進歩している時代、非専門家はたぶん理解できないでしょう。

田中　そこに大きな間違いがある。文科省の責任はうんと重いよ。失敗の積み重ねとか、紆余《うよ》曲折、試行錯誤の繰り返しがあって初めて、ある時、パッとひらめくものがある。量が質に転化する。そういう世界だよ。だから科学者にはもっと生活保障をして、のびのびと研究ができるようにしなければならない。

佐高　それをすべて、効率主義と成果主義にしちゃいましたからね。

田中　日本は、環境技術で世界の最先端を走っている時期もあった。今でも相当いい方だろう。その優れた知見、技術、装置を他国に提供する。そういうことがなければ、小日本主義はそれこそ滅びていく。なのに今は、他国の役に立つ研究が減っているんじゃないか。

佐高　役所のデータの引用は癪《しゃく》ですが、文科省の科学技術・学術政策研究所（NISTEP）が発表した、世界主要国の科学技術活動を体系的に分析した「科学技術指標」（二〇二三年版）を見ると、主な指標のうち、日本は一年あたりの論文数は世界五位で前年順位を維持したが、注目度が最も高い「トップ一％論文」数は、前年の一〇位から一二位に、「トップ一〇％論文」も、同一二位から一三位に順位を落とした、というデータがあります。

田中　僕も似たような調査を見た。確か米紙によるものだったけど、世界各国から出された膨大な数の学術論文を収集、分析した結果、日本発の論文の評価は、とうとう第二グループに落ちてしまった、という記事が載っていた。問題は論文の中身で、前年度の米国発の論文の後追いが多いそうだ。

佐高　論文でも対米追従ですか。

田中　最近気になるのは、「国際卓越研究大学」の話だ。世界トップレベルの研究大学を育てるため、政府が一〇兆円規模の大学ファンドを創設。選考に通れば、最長二五年間、計数千億円の巨額助成金を受け取れるというスーパー大学構想だけど、第一校目は東北大に先日（二〇二四年六月）決まった。

佐高　これまた発想が、真鍋さんが嫌った研究計画至上主義ですね。二〇二三年九月に認定候補に選ばれたとき、大野英男総長が記者会見で、こんな研究目標を明らかにしています。曰く「東北大から出す論文数を、現状の年約六八〇〇本から一〇年目に一万三二〇〇本まで倍増させ、二五年目に二万四〇〇〇本にする」。また曰く「研究成果で得た特許などの知的財産収入は、現状の年四億八一〇〇万円から、二五年目に四一億七〇〇〇万円へと九倍近くに増やす」。さらに曰く「大学独自の基金はゼロから作り、二五年目に一兆二八六二億円を積み上げる」。実現可能なんでしょうかね。

田中　その数字のつじつまを合わせるために、どれだけ自由な研究環境が損なわれていくのか、想像するだに恐ろしいね。非専門家にできるのは、量的なプレッシャーを与えるだけだ。質を見極める力がもともとないんだから。そもそも第一号になぜ東北大が選ばれたのか。東大に対する嫌がらせをやったようにも見える。東大がいろいろと構想そのものに文句を付けてくるから、ちょっと痛めつけてやれと。来年は東大と京大に決まるんだよ。この問題でもなぜ政治家が国会で厳しく追及しないのか。現在の日本の最優先課題なのに。

佐高　国に対して、よりロイヤリティーを発揮した東北大が、認定と引き換えに大見得を切ってしまった、という構図ですね。逆効果になるんじゃないですか。

田中　非専門家である官僚、政治家が、専門家のふりして専門家を支配しようとするこの傾向は、科学技術の分野だけではない。政治家のちょっとした思い付きで、竹中平蔵氏や黒田東彦《はるひこ》氏などの専門家に日本経済の運命を託してしまう。

佐高　竹中と結んだ小泉純一郎政権では、竹中の新自由主義経済を取り入れ、黒田と結んだ安倍晋三政権では、黒田の超リフレ政策を採用しました。いずれもとんでもない結果を生んでいます。竹中の場合は、非正規雇用者が全体の四割を占めるという異常な労働市場であり、黒田の場合は、日銀がＧＤＰ額以上の国債を背負わされる、という出口なしの金融・財政でした。

田中　ここに小日本主義が根っこから成立しない要因がいくつも出てきた、と言っていい。

学術会議問題、森友事件は湛山精神に反する

佐高　秀征さん、この科学技術力の鈍化も心配だけど、それと関連して、例の日本学術会議の会員任命拒否問題というのはどう考えますか。

田中　これもまた非専門家が自分たちの能力を超えて専門家たちを査定してしまった典型だね。「学問の自由」を論じる時、末永くあるまじき悪例として記憶されるでしょう。

佐高　二〇二〇年九月、安倍晋三に代わって菅義偉《すがよしひで》が首相になり、最初の仕事が、学術会議が推薦した会員候補のうち六人を任命しなかった件でした。現行の任命制度になった二〇〇四年以降、初めてのことで、安倍の意向なのか、安倍の下で官房長官をしていた菅の意向なのか、またその下で実務を握っていた公安警察出身官房副長官の杉田和博の指示なのか、その指令系統はいまだに詳《つまび》らかにされていませんが、あれから四年、まだ撤回されていません。

田中　僕が岸田首相をある意味で許せないのは、学術会議の任命拒否をなぜ撤回しないか、というところにある。保守本流や宏池会という看板を名乗るのであれば、この問題は致命

的だ、ということがなぜわからないかと思うね。僕もTBSの『サンデーモーニング』では、ずっとそう言ってきた。安倍、菅政権が終わったからには、宏池会政権としてそれだけはやれとね。もしやったら、それだけでも僕は認めるつもりだったんだが。

佐高　任命拒否された六人ですが、安倍・菅ラインの一連の軍拡、日米安保一体化路線に学者として疑問を投げた学者ばかりでした。

東大教授の宇野重規《しげき》（政治思想史）は特定秘密保護法に対し、「民主主義の基盤そのものを危うくしかねない」と批判。早大大学院教授の岡田正則（行政法）は「安全保障関連法案の廃止を求める早稲田大学有志の会」の呼びかけ人の一人。慈恵医大教授の小澤隆一（憲法学）は、国会で安保関連法案について「歯止めのない集団的自衛権の行使につながりかねない」と廃案を求めた人。東大教授の加藤陽子（日本近現代史）も改憲や特定秘密保護法などに反対、立命館大教授の松宮孝明（刑法）は、共謀罪関連法案について、国会での参考人質疑で、「戦後最悪の治安立法となる」と批判していた。京大教授の芦名《あしな》定道（キリスト教学）は、「安全保障関連法に反対する学者の会」や、安保法制に反対する「自由と平和のための京大有志の会」の賛同者だった。

政権は排除の理由について、何度聞いても口を濁してきたけど、あまりにも露骨な思想統制でした。

田中　この学問、思想、信条の自由をどう保障するかは民主主義の基本問題だ。宇野さんは日本政治学会の理事長になったから、政治学会が丸ごと不適切ということになる。この件で自民党内から反論が出ないなら「自由民主党」を名乗るのもおかしい。

佐高　いまだに変えないでしょう。岸田政権が誕生した時に変えるチャンスだったのに。

田中　これからでも遅くない。岸田さんはそうすべきだよ。湛山の発言の中に、「**自由を尊重するということは、今は分からないような構想が将来的に生まれてくる可能性を担保する**」という趣旨の発言があった。宮澤喜一さんは「どうすればよいか困った時に、自由に議論していれば何かよい答えが出てくる」と言っていた。同じことだ。

佐高　含蓄に富んだ言葉ですね。

田中　自由を認めるとなると、みんな勝手に考えたり、書いたりするよね。いろいろと談論風発、試行錯誤、紆余曲折を経ることによって、現在の我々では感知できないようなことを思い付いたり、研究したりできる。そういう豊かな将来構想を期待するためにも今の自由を大事にしろ、と言うんだ。多少の諍《いさか》いがあっても、それはそれで意味がある、とね。

なるほど、その通りだ。

佐高　争う家来、争臣論というのを湛山が書いているんです。『東洋経済新報』の一九四四年三月四日号。彼はそこで「強力政治実現の要諦」を書き、「**首相はまず争臣を求めよ**」と説いたんです。当時の首相は東条英機でしたが、湛山は、「**東条がこの日本国の危機に際し強力な政治を行わんと決意したことはよし**」としながら、「**東条の周辺をなす多数の有能な識者たちが、当局者の施政に対し忌憚《きたん》なき批評を加えることによって忠臣であらん、という争臣としての役割を果たしてないじゃないか**」と批判したんです。これは湛山の数多い評論の中でも重要なものだと私は思っているんですね。安倍、菅政権もまた、諍いを持って結果的に体制に貢献する争臣がいなかった。

田中　任命問題でもうひと言付け加えると、安倍・菅時代は内閣人事局による霞《かすみ》が関《せき》官僚人事もひどかったね。客観的、公正な政治任用が大原則だというけど、全然そうじゃない。ほんの一握りの人間で決めている。

佐高　安倍官邸に忖度《そんたく》する官僚をいかに量産するか、でしたね。杉田は典型的な公安警察でした。政治家や官僚の醜聞ネタを摑《つか》んではプレッシャーをかけるという、一種の恐怖政治をしていた男ですよ。例の加計《かけ》学園問題では、内部告発しようとした前川喜平元文科事務次官に対し、スキャンダル情報を使って牽制したりしていました。前川さんがはっきりそう証言しています。人呼んで「官邸ポリス」（元警察庁キャリア官僚が執筆した告発小説のタイトル）ともね。

田中　官邸が審議官以上の幹部職員六〇〇人の人事を決めるなんて、誰がどう優秀か、そうじゃないかなんてことを把握できるわけがない。立派な官僚が今いないわけじゃないけど、そういう人に限って陰の方にいるんだ。思想信条のチェックや、官邸への忖度を優先した内閣人事局では、とても優れた官僚を引っ張り上げ、公正に使う、という発想にはならなかっただろう。

佐高　霞が関官僚が日本のシンクタンクだとすれば、その自由な議論を認めることによって出てきたであろう未来の可能性を、我々はこの間失ってきた、ということですね。全くもってもったいない。私から言わせると、政治主導ではなく官邸主導、国益ならぬ官邸益でした。内閣人事局の罪と罰といったところですね。

田中　霞が関の問題でもう一つ言いたいのは、森友学園事件だ。

佐高　これもひどい事件でした。国有地の払い下げにあたり、財務省が安倍夫人のお友達を優遇したという疑惑で、それを隠蔽するために決裁文書の改竄《かいざん》までしてしまい、その業務を担わされた近畿財務局の職員が罪悪感から鬱になり自殺に追い込まれた。赤木俊夫さんという方でした。改竄の経緯を記録したファイル（赤木ファイル）をきちんと残して逝かれた。

田中　その赤木さんの言葉に国家公務員の職責として、自分たちは国民と契約しているんだ、というものがあったよね。国民共有の財産であるはずの文書や情報を、時の政権の都合でいいように捻《ね》じ曲げることは国民との契約違反ではないか、と。僕はこれは霞が関の良心というか、基本モラルとして立派だなと思った。

佐高　そのモラルを保持できたのが、末端職員の一人だけで、政権周辺の幹部職員の中には全くいなかった、というのがこの事件の別の意味での悲劇でした。安倍、菅政権では湛山の言う争臣が根絶やしにされ、みんな官邸の人事権を忖度し、それに拝跪《はいき》していた。東条内閣のことを批判する資格がないかもしれませんね。

田中　学術会議の問題と森友問題の汚点はいまだに残っている。湛山精神を今の時代にどう生かすか、ということから言っても、きちんとした後処理、総括が必要だろうね。

小日本主義を成り立たせる条件③「積極経済・財政政策」

佐高　秀征さん、小日本主義というのは、実は大通商主義であり、大科学技術主義であることはわかりましたが、財政経済政策面ではどうなるんですか。いわゆるインフレ政策、積極財政論者ですよね。

田中　湛山は生涯を通じてデフレを罪悪視した。その原点は、一九三〇年（昭和五年）一月の金解禁政策にある。時の濱口雄幸《おさち》政権が、国の威信、選挙公約から旧平価による金解禁にこだわったのに対し、湛山は円を実勢に応じて切り下げてからの新平価での解禁を主張した。

佐高　一九二九年（昭和四年）七月に成立した立憲民政党の濱口雄幸内閣は、蔵相に元日銀総裁の井上準之助を任命し、井上には、同党がかねて掲げていた公約である「金解禁の断行」と「放漫財政の整理」の旗振り役が期待されていました。井上は就任後ただちに「旧平価による金解禁の実施」を主張、その準備のために緊縮財政を実施し、為替相場を回復させると表明しました。金解禁によるデフレと財政緊縮によって一時的に経済状況が悪化しても、問題企業の整理と経営合理化による国際競争力の向上は進み、金本位制が持つ国際収支の均衡機能が発揮され、景気は確実に回復するはずだと読んだわけですね。

軍部というものの存在があるのでストレートには比較できませんが、宏池会をつくった池田勇人に抵抗した福田赳夫《たけお》は財政緊縮論者と言えるでしょう。

田中　それに対して湛山は、旧平価による解禁は、深刻な不況を招き、中小企業、労働者に激烈な影響を与えると予測、つまり、濱口内閣の緊縮財政とは、労働者への負担の転嫁である、と警告した。

論戦の始まった一九二七年（昭和二年）段階では、「**知る限りにおいては一人の賛成者もいなかった**」孤軍奮闘の闘いだったようだ。一九二一年の「一切を棄つるの覚悟」の時と似ているね。結果はどうなったか。政府の決断が遅れ、実際に断行した時は、一九二九年に始まった世界大恐慌が押し寄せた最悪の時期だった。翌一九三〇年一月の解禁後、日本経済は湛山の予想通りに展開、大変なデフレ経済に陥る。四月には株が大暴落、生糸、綿糸、鉄、セメントなどの重要商品が軒並み三、四割下落した。

また、金解禁により、金への兌換《だかん》と正貨（一定量の貴金属を含み、実質価値と標記額面との差のない貨幣のこと）の海外移送が行われるようになり、この年だけで三億円弱の正貨が海外に流出して、日本経済は未曽有の恐慌に見舞われた。

佐高　この経済混乱という内政の失態が、外への解決を求めさせ、軍部の大陸への侵略を加速させていった。一九三一年（昭和六年）には満州事変を仕掛け、五・一五事件（一九三二年）、二・二六事件（一九三六年）、日中戦争、太平洋戦争と破滅への道をひた走るきっかけとなっていったわけですね。

田中　湛山は、戦後の公職追放中に「**日本を今日の悲境に立たしめたのは、実に昭和五年の金解禁だった**」と言い、政治家を引退した晩年にも「**敗戦後の日本経済の立て直しには昭和初期の金解禁問題を生かさなければならないと確信した**」と述べている。金解禁論争から彼がジャーナリストの限界を感じ、戦後に政治家に転身したのも、自らの手でそれを成し遂げようとする使命感があったんだね。

佐高　そのチャンスが戦後、一九四六年（昭和二一年）発足の吉田茂政権で蔵相になり、訪れました。

田中　終戦後、加速度的にインフレが進行し、国民生活を直撃している時期だった。インフレ抑止のデフレ政策が期待されていたものの、湛山はそれを国民生活をないがしろにする俗論としてはねのけた。財政演説でこう言っている。「**国家財政の目的は、第一に国民**

に業を与え、産業を復興し、完全雇用を目指して国民経済を推進するにある。いかに財政収支は均衡を示しても国内に失業者があふれ、多くの生産要素が遊休状態におかれる有様では、これを真の健全財政とは、決して称することはできないと考える」

佐高　「インフレ大臣」などと批判もされた。

田中　インフレ政策といえば、普通は、庶民に金を配る、というような話になるんだが、湛山の場合はそうではなくて、経済の骨格部分、日本の基礎的産業の再建、というところに行くわけだ。湛山はさらにこう言った。「**もしこの際デフレ政策をとれば、物価の水準は引き下げうるであろう。しかしおそらく生産はいっそう縮小し、国民所得は減じて、国民の生活難はむしろますます激しくなるだろう**」と。

佐高　湛山的積極財政論の極意がすべて出ている感じですね。国民所得を原点としている。

田中　湛山の目が常にウォッチしていたのは、ヒト、モノ、カネの動きだった。特にヒトの動きとして雇用を重視。これらが活発であれば、多少のインフレなど意に介さなかったんだね。実際に取り組んだのが、石炭、肥料などの増産、復興金融の強力な推進、失業受け入れ態勢の強力な推進、経済の民主化だった。単なる需要拡大のための積極経済論ではなく、復興金融などを使って特定産業に重点的な財政資金を傾斜投入して、生産と雇用の増加を図る、今で言う構造改革も併せて行おうとしたんだ。

佐高　石炭、鉄鋼、肥料といった基幹産業復興に重点化した、いわゆる「傾斜生産方式」ですね。有沢広巳《ひろみ》（日本の統計学者、経済学者。法政大学元総長）が名付けた、と言われる。

田中　根っこには「国民生活の向上」という湛山の不動の目標があった。だから湛山は国民的人気があった。当時の自由党の幹事長は大野伴睦《ばんぼく》だったが、その大野が「次の総裁は石橋だ」と言うぐらいだった。いわゆる社会主義政党も、自由党政権の政策にあまり文句を言わずに耐えたわけだよ。共産党の徳田球一が国会で湛山演説に涙を流した、ともいうし。それは湛山の姿勢が戦前から一貫したものであったこともあるけどね。

佐高　この湛山路線が戦後日本の基礎を築いた。

田中　そう。その結果、日本の産業設備は一九四九年（昭和二四年）度に戦前水準の八〇%にまで急回復した。この時、湛山蔵相がいなければ、たぶんインフレ対応のデフレ策が採られ、経済混乱は一層深刻になっていたのではないか。その意味では、戦後日本の積極経済、積極財政の基本方向は湛山によってここで打ち出された、と言ってもいいと思うね。

佐高　その路線が池田勇人、宮澤喜一に引き継がれていく、というわけですね。

田中　湛山は蔵相在任中に池田を主税局長から次官に起用した。あの役所のヒエラルキーからすると異例の抜擢《ばってき》だった。大蔵省は財政規律中心の主計局至上主義だからね。逆に池田は、大蔵省亜流だったから積極財政論者になれたということもあるね。湛山にはそれがわかっていたのか。その池田は湛山路線を引き継ぎ、一九六〇年（昭和三五年）に首相になってからは所得倍増路線で高度成長期を築き上げたわけだ。

佐高　宮澤さんは資産倍増論（所得倍増論にならい、フローではなくストックを豊かにしようという宮澤氏の政権構想）で衣鉢を継いだ。

田中　湛山の流派は、池田勇人を通じて宮澤喜一に移る。彼らは、片仮名で言えばケインジアン。つまり、積極経済、積極財政論者だね。思い出すのは、八〇年代の初めの頃だ。石油ショック後の不景気がなお尾を引き、世の中全体が日本経済の行方について悲観的になっていた時に、宮澤さんだけは、この次の経済成長という、新しいサイクルを確信していた。一時的に落ち込んだものの、必ずや技術革新を経て、新しい経済成長の芽が出てきますとね。その時に僕に言ったのは、マイクロエレクトロニクスとバイオと半導体と新素材。この四つなんだ。これは他国に負けないと。

佐高　日本は負けないと。

田中　そして、結果的にそうなった。ただ、八〇年代の日本経済は、そういう工業生産力モデルの発展とはまた別の負の遺産を作ってしまった。

佐高　それがバブル経済だ。金融機関が余剰資金を土地や株に突っ込んで、右肩急こう配の資産インフレを作り、日経平均が四万円近くになり、地価高騰で銀座の一坪の土地が億単位もする異常経済になってしまった。

田中　あのバブルを一番心配したのもまた宮澤さんだった。工業生産で稼いだ金をどこに使うか、という問題で、宮澤さんは内需の振興に使えという考えだった。そこから生活大国構想が生まれるんだが、その金が海外の不動産に大量に流れてしまい、それこそ、マンハッタンに土地を買うようなところに行ってしまった。

佐高　その後バブルが崩壊、日本は「失われた三〇年」に入っていく。蟻《あり》地獄のような資産デフレでした。湛山ならどう分析したでしょうね。そこに異次元金融緩和を引っ提げてアベノミクスが登場し、日銀が事実上の財政ファイナンスで国債を爆買いする。それが行き詰まって今に至るわけですね。要は、湛山に端を発した積極経済・財政論者の系譜が池田勇人、宮澤喜一以降、誰に引き継がれたのか、見えなくなってしまった、というのが率直な感想です。よもや岸田文雄ということはないと思いますね。

小日本主義を成り立たせる条件④「哲学の裏付けがある経済学」

佐高　小日本主義をさまざまな角度から見てきました。大通商主義であり、大科学主義であり、自由な主張・議論を許すという大自由主義でもあり、積極経済・財政の大経済・財政主義でもありました。要は、小日本主義の本質は、領土でも軍事でもなく経済である。ここまで議論してきてそんな感じがしますね。つまり、小日本主義を分解していくと、グラッドストンやJ・S・ミルに突き当たるけど、経済理論ではケインズが出てくる。

田中　さっきもちょっと触れたけど、湛山は自他ともに認めるケインジアンだった。「**ケインズをほんとうに実行したのも僕ですね**」（『湛山座談』岩波書店、一九九四年）というぐらいだった。湛山が考えていたことがケインズ理論によって武装された、と言ってもいい。

これまた金解禁の濱口雄幸政権の時だ。政権が旧平価による金解禁の準備策として「消費節約」を説いた時、湛山は「**合理的な消費、再生産を拡大する力になるような消費こそ必要だ**」と猛然と反発した。この時点では、湛山もまだケインズ理論の何たるかを知らない時期だった。その後ケインズの著書と出会い、不況期には予算が赤字になっても財政支出を拡大して有効需要を作るべきだ、という理論にまさに我が意を得た、ということになった。

佐高　湛山とケインズはどこか同じ感性を持っていたんですかね。

田中　そうね。湛山とケインズは、第一次世界大戦後のベルサイユ体制下で、連合国がドイツに対し過度な賠償金の取り立て、制裁をしたことに対して反対の論調を取った点でも一緒だった。社会や人間を見る目が似ていたんだろうね。

佐高　湛山の経済学は確か独学ですよね。通勤途中の電車の中で片っ端から原書で読んだと言われてます。

田中　東洋経済新報社に入社したため必要に迫られて、ということだった。**「私の経済学は先生がなく、書物によって自修した。マーシャル、ミル、アダム・スミス、リカードー、マルクスと次々に読んだ**」と言っている。そして最後にケインズに行き着いたんだね。

佐高　湛山や宮澤によると、小日本主義の理想的一形態は、「生活大国」であることですが、今の日本はとてもそうなっていませんよね。私に言わせると、むしろ「会社大国」ですよ。実質賃金、可処分所得が少しも上がらない、むしろ下がっているのに、企業の内部留保が五〇〇兆円を超えるという、こんなバカな話はありますかと。「生活」を忘れた

「会社」大国化。湛山精神にものすごく反してる話です。この経済成長＝会社成長という風潮を引っ繰り返さない限り、湛山は蘇りませんよね。

田中　そういう考え方は、湛山を理解するうえで、とても大事なことだと思うよ。どういうことかというと、湛山の経済政策論は、人文系の学問を土台にしてるんだ。哲学、歴史、宗教、それを土台にしてるから、経済とか法律をそのまま学んだのと違うわけ。

佐高　秀征さんも湛山を真似《まね》て、大学は人文系から入ろうとされましたよね。東大文学部西洋史学科でしたか。

田中　そうなんだよね。湛山が早稲田で哲学をやったことを知って、僕もまた哲学をやらなきゃいけないという気持ちになってた。何とか学費を工面して、大学では湛山を真似て哲学と歴史と経済を学ぼうと思った。だけど留年したもので、結局は哲学はやめて歴史から入っちゃうんだけどね。

佐高　林健太郎ゼミで、近代ヨーロッパ政治史の研究でしたね。

田中　西洋の政治家には、農学・工学・商学・医学など、実際の生活に役に立つ実学からではなく、人文系学問から入ってきた人が多いんだ。歴史とか、文学とか、哲学って、一般教養的な物事を大事にしている。

佐高　グラッドストンもそうですか。

田中　そう。それこそ人間とは何ぞや、というところから政治が出発している。そういうこと考えている人は、日本では少ない。湛山の大きな特徴だと思うよ。

佐高　そもそも湛山は宗教家でもありますよね。日蓮宗だ。

田中　日蓮だけじゃないよね。キリスト教まで勉強してるんだから。そして、いろんな人文系の哲学をやっているうちに、経済に行き、そこでいろんな矛盾を感じ取ったんだろう。そういう流れだから、普通の政治家や経済学者とちょっと違うわけ。

佐高　湛山は大学ではプラグマティズムを学んだ。一九世紀末から二〇世紀にかけての米国の代表的哲学思想です。知識や価値の問題を行動の場面に引き込み、有用性または有効性ということを基準として考えてゆく。デューイが代表的ですが、実用主義、実際主義みたいに訳す場合もありますね。

田中　湛山は哲学を学んだが、それは当時の象牙の塔（現実を踏まえない学究生活や研究室）のインテリたちが学んだドイツ哲学ではなく、現実に立脚した実用を重んじた米国製プラグマティズムだった、ということが一つ。さらにいえば、その実用哲学の礎石の上で湛山は経済学を学んだ。そこに特徴がある。

佐高　つまり秀征さんの話は、たとえて言うと、時代性やその中で生きる人々の顔や生活が浮かび上がってくるような固有名詞の経済学、経済哲学ですよね。人間を抽象的な普通名詞や単なる数字では捉えない。それが哲学から入った経済学の特徴です。マイナンバーカードの紐づけミスの問題で、竹中平蔵が「誤差の範囲内だ」と言っていた（『サンデー毎日』二〇二三年九月三日号）けど、湛山の口からはそんな言葉は出てきませんよね。みんな生身の人間、一人を救えなきゃダメなわけです。そこが全然違うんだと思う。

田中　湛山は「街の経済学者」とも言われた。彼の経済学は、自分の思想や関心に沿って独学したもの。だから象牙の塔の経済学とは違って、骨太で地に足がついていた。

佐高　ひと言で言えば現実から離れない哲学ですね。カントやヘーゲルというドイツ哲学の系譜は、私もどっかで書きましたが、紙幣なんです。紙幣の中でも大きな紙幣、小銭に崩すことのできないもので、そういう哲学は実際の生活では役に立たないんだというのが、湛山の早大での師匠である田中王堂の教えだった。湛山はそれを学んだわけですよね。つまり、具体的な生活に役立たないのはダメだと。

田中　湛山が哲学から入ったということの意味は、大きいと思うよ。湛山は哲学という土地に経済の土台を築き、その上に政治の家を建てた、とも言える。だからこそ、経済の領域を突破した分野でも、思想の一体性、一貫性があったのではないか、と僕は思っている。宮澤さんが池田内閣の看板に「寛容」を強く主張したのは、湛山の政治哲学に深く共鳴していたからだ。ここに宮澤さんの真骨頂も出ているね。

第二章　「表安保、裏安保」とは何か？

――湛山の知恵

国際警察軍には、日本もこれに参加する

佐高　今、なぜ湛山か。前章では、小日本主義について経済政策的側面から見ましたが、この章では外交・安保的観点からの話をしてみたいと思います。

田中　湛山思想の柱というより土台を構成するのが、国際協調主義で、湛山は「第三次世界大戦の必至と世界国家」でこう書いている。「**人類社会から戦争を絶滅し、世界に恒久平和を実現するのには、ナショナリズムを絶滅するより外に方法はない**」。さらに曰く、「**人類は正に世界国家を造るべき段階に達している**」「**世界国家は、たぶん連邦共和国の形を取り、今日の諸国家はその下に、主権の大部分を移譲して、一種の地方自治体として存立することになろう**」と。その意味で湛山は骨の髄まで世界連邦主義者であった。この究極の理想主義があって、彼の発言や行動があったと言っていい。

佐高　その理想主義が今、どういう形の政策になるか、ですね。

田中　まずは、湛山の論跡を振り返りたい。湛山は第一次世界大戦後の国際連盟、第二次大戦後の国際連合を世界連邦の前段階と受け止め、その創設や機能について重大な関心を

示している。彼が特に関心を示したのは、国際機関による無法国に対する制裁措置の有効性だった。国際連盟の失敗については、米国が参加しなかったことと、その制裁措置が機能しなかったこと、と分析している。

佐高　国際連合ができる時にも、同様な関心を寄せていますね。国際機関の制裁力が有効に発動すれば、各主権国は必要最小限の軍事力だけで対応できるはずである、と。

田中　一九五一年（昭和二六年）、来日したダレス国務長官顧問が鳩山一郎と会った際、湛山はダレスに、軍備全廃論と世界政府の創設に向けて米国が動き出すよう進言した。

佐高　現実主義のダレス相手にね。この徹底した理想主義が見事ですね。

田中　湛山は、国際連合に大きな期待を持っていたし、その土台になった大西洋憲章も最大限評価していた。だけど結局、本質は国際連盟とそんなに変わらないようなものになってしまい、無法国に対して、国際社会が一致結束して立ち向かおうという体制にならなかった。だから、国際連合も湛山の理想とは違うんだよね。

佐高　要は、国連軍ができなかった。

田中　湛山が自民党総裁になったのが一九五六年（昭和三一年）一二月一四日。衆院本会議で首相指名を受けたのが二〇日。二日前の一八日に、日本の国連加盟が決まった（総会で全会一致で承認）わけで、ある意味運命的なものがあった。湛山がその時に記者会見したのを僕は覚えている。ラジオで聞いた。高校生の時だ。印象的なスピーチだった。国際連合に加盟したから何かしてもらうだけじゃなく、義務や責任というものがある。**「ただ国連に寄りかかってるだけじゃいけない。日本もできる限り国連に対する義務を果たさなきゃいけない」**とね。国連軍的なものができた時には、「軍事的な」という言葉を使っているんだけど、そこに参加できるかどうか。憲法上の問題もあるし。

佐高　憲法上ね。

田中　湛山はそれを研究している、と言っていた。具体的に言うと、できつつあった自衛隊（一九五〇年警察予備隊として発足、五二年保安隊に改組、五四年七月自衛隊法が施行され、陸海空の各自衛隊が成立）の扱いをどうするか。国連憲章に明確に違反した行動があった場合には、自衛隊を海外派遣できるかどうかという話だよ。

佐高　国連憲章七章は、「平和に対する脅威、平和の破壊及び侵略行為に関する行動」を定め、勧告を行うとともに、非軍事的強制措置・軍事的強制措置をとるかを決定することができ（第三九条）、軍事的強制措置は、安全保障理事会と加盟国の間の特別協定に従って提供される兵力・援助・便益によって行われる（第四三条）、と書いてますね。要は、集団的安全保障として一定程度の軍事的強制措置を想定している。その場合、つまり国連が軍事的措置を取った場合、自衛隊がそれに参加できるかどうか、日本国憲法に照らして検討する、とまでは言ったわけですね。

田中　しかし、その検討している最中に、病気で引退してしまった。あの段階でもっと議論しておけば、後々良かったと思うんだけどね。

佐高　自民党として、政府として。

田中　これから研究すると言っていたんだが、二か月で政権が終わっちゃったからできなかった。できなかったんだけど、それを研究しているということは、例えば国際警察軍的なものがもしできれば、日本もそこに参加する、実力部隊を送り込む。参加させることは、憲法違反じゃないとの認識がにじんでいるんだね。

佐高　それが湛山の九条解釈だった？

田中　いや、そこまで結論は出してないんだけど。敵を相手にして戦う時は、武器使用や戦争を憲法は許していない。だが、みんなで悪党を懲らしめるという警察行為の時には、日本の軍事力行使は許されると湛山は思っていたのだろう。

憲法九条が禁止しているのは、国権の発動たる戦争だ。国としての権利の発動ではなくて、国際社会の集団安全保障を担う一国としてやるんだ、というのが湛山の考えで、中途半端ながら記者会見でそれをにじませた、と僕は解釈した。

佐高　秀征さんもできると思っている？

田中　できると思ってるし、そこが後藤田正晴さんたちとは違うんだ。湛山は小沢一郎さんと近いんだよ、その点は。

佐高　小沢は、一九九一年に海部《かいふ》内閣が設置した「国際社会における日本の役割に関する特別調査会」の会長を務め、自衛隊の国連軍参加は現行憲法下でも可能との答申を出してますね。

田中　湛山の思想もまたそうなんだよ。国際的な義務と責任を果たさなければならないというのは、湛山の第一次大戦後の国際連盟時代からずっと一貫してる考えだ。あの時に湛山がもう一か月病気にならないで、この問題について結論を出してくれたら、大きな仕事になったと思う。

佐高　当時の政治情勢の中でそれは可能だった？

田中　湛山の場合に限って言えば、それはできたと思う。当時の社会党は鈴木茂三郎《もさぶろう》、浅沼稲次郎《いねじろう》体制だった。委員長、書記長ともに早大閥で何とか押し切れたはず。二人は湛山が倒れた時も、陰で「首相をやめるな、やめるな」と言ってきていたんだからね。湛山にしかできなかった。あの時しかできなかった。日本にとっては、本当に残念なことだった。

佐高　で、その国連軍構想が時を経て、また再燃するんですね。

田中　湾岸戦争（一九九一年一～二月）の時だった。国際的な集団安全保障体制を作る絶好の機会が到来した。イラクのクウェート侵攻に対して、その無法行為を懲らしめようという動きがワールドワイドに広がった。イラクに対する味方はいなかった。中国もソ連もみんな同じサイドに立っていた。

佐高　国連の撤退を求める決議にもかかわらずイラクが撤退しなかったため、当時のパパブッシュが二八か国で編成された多国籍軍によるイラク攻撃を開始した。東西冷戦崩壊後、という新たな秩序形成を模索している時でした。国連の集団的安全保障が一部機能した、との見立てもありましたね。

田中　みんな一緒になって参画したという、あんな例はないんだからね。

佐高　そこで秀征さんの問題意識がまた頭をもたげた。湛山が成し遂げられなかった仕事にチャレンジする好機だと。

田中　僕の湛山に対する政策的な関心は、そこにあるんだからね。『月刊 asahi』という雑誌があったでしょう。あそこに宮澤（喜一）さんの名前で「国連常設軍の創設と全面軍縮」というのを書いたわけ。

佐高　宮澤政権ができる前、一九九一年五月号だ。国連の集団安全保障体制に日本が入るのは憲法の許容するところである、と明確に書いた。

田中　そう。ちょうど湾岸戦争の時で、勢いとしては、そういう国連常設軍ができてくるんじゃないかという期待感がほのかにある時だよ。中国からソ連まで全部が反イラクで同調していたからね。

佐高　当時は海部俊樹政権。ポスト海部を睨《にら》んだ宮澤さんの政権構想の一つでもあった。

田中　その流れがあったので、宮澤さんも総裁選に立候補する気になったんだ。はっきり意欲出してね。

佐高　自分の出番だ、みたいな感じが出てきたわけですね。

田中　うん。「（総裁選出馬の）意欲ない、意欲ない」と言われていたんだけど。

佐高　資産倍増論という経済政策も出しましたが、それとは別に安全保障政策も出していたんですね。

田中　そう。「今度の日曜日、空いてるか？」と宮澤さんに聞かれて、総裁選に出るという話になった時に「『未踏への挑戦』というのを掲げたい。そういう言葉でやりたいと思うが、君どう思う?」と聞かれた。「未踏」の意味は二つ。一つは冷戦終結、もう一つは、プラザ合意での日本経済の転換だ。

佐高　まさに湛山の、国連を軸とした安全保障思想を宮澤さんが継いでいた、ということですね。小沢一郎も同じ考えだったというところが面白い。日中国交正常化で湛山の衣鉢を継いだ角栄の、そのまた流れを汲むのが小沢という観点からすると、これもまた自然な流れなのかもしれない。

田中　小日本主義と言うけれども、小さく固まるという話ではなくて、外交や政治的にはナショナリズムを超えてダイナミックに動くということだからね。

佐高　ちょっとだけ余計な話をしたいんですが、（資料取り出して）これが面白いんですよ。一九三二年（昭和七年）、満州事変の翌年、『アサヒグラフ』がやった東京の小学校五～六年生の座談会というのがあるんです。それが「満州事変ってどういうこと?」と記者が問いかけたら、「支那人が日本人に対して大変無礼であるから、われわれ日本の軍人は、これを懲らしめるために満州で支那と戦っている」と答えたと。

田中　子どもまで暴支膺懲《ぼうしようちょう》（横暴な中国〈＝支那〉を懲らしめようという戦前の標語）論を教

え込もうとしていたわけだ。

佐高　「国際連盟をどう思うか」という問いには、「世界の臆病が集まって相談するところです」と小学生が答えている。で、「外務大臣になったらどうする?」と言ったら、「国際連盟のことは相手にしない。国際連盟は偏頗《へんぱ》ですから」と。「日米戦争が起こると思うか」には、「僕は起こると思う」「アメリカ人は威張り腐っているから、一度負かしてみたい」「米国人の高慢な鼻をへし折るために、一度撃滅してみたい」と。そうしたら女の子も「私もそうしてみたいわ」って言うわけ。こういう状況の中で、湛山は小日本主義を唱えていた、ということを改めて確認したいですね。

マッカーサーに盾突く唯一の人間

佐高　さて、日本の戦後政治のバックボーンは日米安保体制。京都清華大学の白井聡に言わせると、これが戦前戦中の天皇に代わって新たな国体になった、というわけですが、この米国との距離感を湛山はどう思っていたのでしょうか。

田中　宮澤喜一さんに言わせると、湛山について一番びっくりしたのは、占領軍に対して何の萎縮もせずに、堂々とものを言ってたということだった。これをそのまま通訳していいのか、と思うほど、何のちゅうちょもなく日本の主張を言ってた、と。それには「驚嘆した」という言葉を宮澤さんは使っていた。

佐高　宮澤さんは、湛山が大蔵大臣としてGHQと折衝する際の通訳を兼ねていましたね。

田中　占領軍といえども何するものぞ、という揺るがぬ構えがあったんだね。それは戦前に、自分は米国と戦うという気持ちはなく、それに反対した人間だった、という自負が基礎になってる。もし戦前、一緒になって、太平洋戦争だけじゃなくその前の戦争まで含めて、日本のすることに賛同したり煽《あお》っていたりしていれば、米国に対してものを言えなかったと思う。だから、占領軍に対してもひるまず、対等な感覚を持ち続けることができた。蔵相として占領軍の要求する予算に対しても、それを聖域とせずに厳しく査定できたんだ。この態度は米国からすると、面白くない。マッカーサーに盾突く唯一の人間だったと言われた。だからGHQに追放されてしまうわけだ。吉田にとっても対米姿勢が違うし、自分より人気があるので邪魔な存在だ。

佐高　GHQという米国の統治下で、米国との戦争に反対した湛山が追放され、戦争の中心にいた岸信介が米国に重用されるわけですからね。

田中　湛山の米国に対するスタンスのその部分は宮澤さんが受け継いでいる。彼は英語が達者だけど、非常に独立心が強くて、米国に対して厳しい人。ほんとびっくりするぐらい米国に対して厳しくものを言える人だ。

佐高　でも、今の政治家の中には、米国に対して何かものを言えそうな人なんていないでしょう。

田中　いい指摘をしてもらった。次の章で詳しく話すけど、いわゆる保守本流の政治家の方が米国に対してきちんとものを言っていた。戦前から国策に対して疑問を持ってきた人たちだ。この人たちはちゃんと米国にものを言う。逆に、対米戦争を肯定した人ほど米国べったりになる。不思議だね。これは岸信介の流れなんだけど。

佐高　田中角栄もまた保守本流だったんですよね。米国の石油資本に依存しない独自のエネルギー源確保構想を立て、かつ第四次中東戦争の際にアラブ側についたこともあり、金権批判、ロッキード事件で倒された。「米国の虎の尾を踏んだ角栄」という謀略説もある。対照的に、清和会の方が米国べったり。小泉純一郎、安倍晋三とね。

田中　岸から安倍に至る系譜だな。

佐高　中曽根を含めてですね。

田中　だから、自主外交という場合には、保守本流の方が独自のスタンスを持っているわけだね。それは沖縄政策に如実に出てくる。

「俺たちは『表安保』をやるから、君たちは『裏安保』をやれ」

佐高　湛山の思想を外交・安保面で追いかけてきました。国際協調路線が重要であること、国連に制裁権を付与した集団的安全保障が理想であること、日本の戦後の生きざまとしては日米同盟を基本とするものの、そこにはおのずと一定の距離感を保持すべきだとするスタンス。それぞれに湛山らしい独立自尊の構えが見て取れます。日米安保体制を軸としながらも、安倍晋三以降の対米全面依存、あらゆる軍事面での日米一体化路線とはまた違った、オルターナティブ（対案）のヒントがあるのではと思います。

田中　こんなエピソードがある。池田勇人が、宮澤喜一や田中角栄、大平正芳たちの世代に対し、「俺たちは『表安保』をやるから、君たちは『裏安保』をやれ」と言った、という。「裏安保」とは一体何かというと、池田はこう言った。「仮想敵国をどこにするかはともかくとして、そこが攻め込んできた時に日本を守るのは日米安保だということ。だけど、それ以上に大事なのは、その仮想敵国なる国々と友好関係を深めて戦争を回避することだ。それが裏安保なんだ」と。「君たち、裏安保をやれ」というその助言が角さんに強烈なインパクト、政治的覚醒を与えたんだね。それで中国に乗り込むわけですよ。角さん自身がそう振り返っているんだ。

佐高 その時の池田の「裏安保」指南が、一九七二年の訪中と日中国交回復につながった、ということですね。当時はまだ台湾ロビーが強くて、角栄の訪中には自民党内にも相当な抵抗があった。ただ、角栄は大平とタッグを組んでそれを乗り切る。

田中 その「裏安保」をやるにあたって、角栄は大きなセレモニーを行った。それが角栄の湛山邸訪問なんだ。これもまた大きな歴史的意味を持つことになった、というのが僕の解釈だね。

佐高 訪中の数日前、「目白文化村」と呼ばれた東京新宿区中落合の石橋湛山邸に角栄は足を運び、玄関ホールで車椅子に乗った湛山に会う。

田中 僕の教えている大学の学生たちに湛山の話をした際に、資料に写真を三枚載せたんだ。湛山の顔写真と、石橋湛山政権の組閣写真、もう一つが角さんの湛山邸訪問だった。

佐高 この三枚目の写真が、日本の戦後政治史上重要な意味を持つのだ、ということです

田中角栄首相が石橋湛山邸を訪れた時の写真
写真提供　一般財団法人石橋湛山記念財団

ね。

田中　湛山のお孫さんの省三さんが撮った写真で、当時学生だった彼の記憶によると、中落合の湛山邸に現職の総理が来た。お爺《じい》さんの湛山に、「田中総理が来ました。どうしますか」と言ったら、玄関まで出迎えると言ったと。

佐高　わざわざ玄関に出迎えた湛山と角栄。あまり緊密な接点があったとは思えない二人ですよね。

田中　要するに、この会見が田中角栄の立ち位置を決めたんだよ。保守本流の立ち位置ということだ。ここで角栄は、岸、佐藤、福田の流れと離別し、保守本流の石橋と一体になった。

佐高　湛山は首相辞任後も二度訪中した日中関係の大先輩だった。特に一度目（一九五九年）は、長崎で日本の青年が中国の国旗を引きずり下ろす事件を起こした直後で、ピリピリした空気が漂っていた中、湛山は時の首相である岸信介の反対を押し切ってあえて訪中し、周恩来と会って、国交回復の足がかりを作った。角栄の湛山邸訪問は、日中親善の衣鉢を継ぐ、という意味が込められたんでしょうね。どういうやりとりしたんですかね、その時。

田中　角さんが「これから行ってまいります」と挨拶、湛山は「周恩来によろしく言ってくれ」とね。

佐高　角栄も親近感は持ってたわけでしょ？　池田勇人の師匠格に当たる湛山には。

田中　「裏安保をやれ」という池田の戦後保守本流の遺言を実現しようと、角さんなりの一種の腹固めがあった。自分は湛山の流れを汲むんだとね。想像以上に大事な場面だった、と思うね。戦後保守政治の流れの中で。

佐高　角さんは、岸信介、佐藤栄作にも義理があったと言いますからね。

田中　岸には初めて閣僚にしてもらった。最年少三九歳の郵政相だった。佐藤にも閣僚にしてもらったし、長岡鉄道の顧問か何かもやってもらっていた。

佐高　佐藤は鉄道省の局長、元運輸事務次官で、交通、運輸行政に睨みがきいた。

田中　人事や役職を務めてもらったことへの義理があった。だが、一九七二年の自民党総裁選で福田赳夫と闘うことで、その義理がなくなった。岸も佐藤も自分ではなくて福田を推して敵対したものだから、自由になっちゃったんだ、角さんは。

佐高　貸し借りなし。

田中　そう。それで、湛山のところへ行って、そこに保守本流の旗を立てたと僕は解釈している。

佐高　田中角栄を野放しにしちゃったわけですよね。

田中　角さんがそこで立ち位置を決めたことで、その後、ほとんど保守本流から総理が出てくることになった。大平正芳、鈴木善幸《ぜんこう》、竹下登、宮澤喜一、そして橋本龍太郎、小渕恵三までがそうだった。二〇〇〇年の加藤の乱でこれが崩れるんだが、角さんから三〇年近くその時代が続いたんだね。

佐高　それにしても、田中角栄はなぜ訪中をあれだけ急いだんですかね。首相に就任後、ほとんど間もない時期です。

田中　これについては福田赳夫が、日中平和友好条約締結の頃だったか、注目すべき証言をしている。一九七二年の自民党総裁選で角福戦争が行われ、田中が勝つ。それが七月五日。そして、田中が訪中したのが九月二五日だ。福田は、「(田中が)総裁選やって、あんなバタバタと早く中国行くとは思わなかった」と言っている。

佐高　敗軍の将、また管見を語る、ですか。

田中　角さんから見ると訪中の課題は二つあった。一つは、日本の中国に対する戦時賠償はなしにする、もう一つは、中国に日米安保条約を認めさせることだった。

佐高　それだけでも難題だ。

田中　この二つの難題をどう解決するか。つまり、日本からすると、戦時賠償ゼロと日米安保を中国側に認めさせるには、中国の人民に納得してもらわなければならないわけで、彼らに不承不承ながらでも了解してもらうには、毛沢東と周恩来が生きているうちでなければダメだと、そういう判断をしたわけだ。そして、その判断は正しかった。角さんは見事に二つの難題を認めさせたんだからね。北京での交渉が終わって上海《シャンハイ》に移動する時、角さんは飛行機の中で、ものすごい高いびきで眠ってたそうだ。

佐高　最大の懸案の目途が立ってホッとしたんでしょうね。

田中　創業者、つまり毛沢東と周恩来じゃなかったら、自分たちを仮想敵国にしている国との同盟を認めるなんてあり得ないよ。賠償金の問題にしても、なぜ取らないんだと。うちの家族はみんなやられたということでまとまるわけがない。毛と周が元気で決断できるうちに一日も早くと、角さんは急いだんだよ。

もう一つ大事なことは「自分が人気があり国民的支持がある時」と考えた。政争の激しさから自分の人気が急降下することも考えたんだね。実際そうなった。

佐高　それが福田にはわからなかった。

田中　僕は、福田がなぜそれを理解できなかったのか、不思議でしょうがない。それこそ、一高・東大、大蔵省主計局という超エリート路線に乗っかってきた男が、そんなこともわからないのかという。福田がロープウェイで頂上に昇ったのに、角さんは道なき道を歩いて頂上を目指した。

佐高　知識と知恵というのは違うんですよね。

沖縄問題と保守本流

佐高　日米安保体制を考える時、欠かせないのが沖縄問題です。

田中　保守本流かどうか、一番顕著な差が出てくるのは沖縄問題だと僕は思っている。沖縄に対して温かいのは保守本流。小渕恵三が代表的だ。

佐高　言われてみれば確かにそうですね。自民党本流というか、岸信介以下清和会の人たちは冷たい。菅義偉もその流れだ。翁長雄志《おながたけし》沖縄県知事（二〇一四〜一八年）との会談で、「私は戦後生まれの者ですから、歴史を持ち出されたら困ります」と言い放ったという。沖縄の歴史がどういうものであったか、戦後政治にとってその認識がいかに重要かということを全く理解していない発言だった。

田中　川があるとすると、保守本流の場合は、日本政府と沖縄県民が川のこちら側にいて、対岸に米国がいる。日本政府と沖縄が一緒になって米国に対し主張をぶつける。ところが、清和会系は、沖縄の人たちがものを言う時に、川向こうにいる感じがするんだ。米国と一緒の側にね。そういう印象を持たれている。これは稲嶺《いなみね》恵一さん（一九九八〜二〇〇六年、沖縄県知事）も同感だった。

佐高　私は沖縄密約をスクープした西山太吉（二〇二三年二月死去）と対談したんですが（『西山太吉　最後の告白』）、彼も似たようなことを言ってましたね。なぜ沖縄返還は佐藤栄作政権で実現したか。その前の池田勇人政権でも、沖縄への問題意識はあったそうです。

でも、当時の大平正芳外相に言わせると、返還の際には「基地の自由使用」を対価として差し出さねばならない。それを宏池会（池田）政権は、沖縄のために潔しとはしなかった。そこで佐藤は、池田がやらないなら俺が得点を挙げるという発想で飛びついた、とね。要は、佐藤は米軍に都合のいい「自由使用」のまま賛成したというわけですが、その違いはどこからきているんですかね。

田中　五五年体制ができる前、岸がまず民主党を結成するんだが、その裏に米国がいる、という話があった。そのへんまで遡る。要するに、米国と付き合う点は同じでも、池田とか宏池会には米国に対する義理はないというか、薄いんだよ。湛山もそう。

佐高　他にも沖縄への思い入れを持った政治家たちがいましたよね。野中広務、梶山静六、橋本龍太郎……。

田中　橋龍といえば、彼が首相の時にこんな体験があった。一九九六年、クリントンとの日米首脳会談で普天間返還が具体的問題として浮上した時だ。米国から帰国した直後の朝の会合で橋龍と同席した時、僕は当時、経済企画庁長官だったから隣に座って、「普天間返還よく切り出しましたね」と声をかけたら、橋龍はこう言った。「あれだけ、我々のために犠牲になってくれた沖縄なんだから、できることとあったら何でもしたいよ」。僕の方を見ずに涙浮かべてね。聞けば父方の親類が沖縄戦で亡くなったという。それまでポマードつけたただの人という印象だったけど、この人も保守本流だなと敬意を抱いた。

佐高　小渕恵三、梶山静六という人たちも、沖縄に思いがありましたね。

田中　小渕さんなんか、学生時代に遺骨拾いをやってたんだ。小渕さんは最後にサミットまで沖縄に持ってきた。橋龍でさらに言うと、翁長さんの本に書いてあるんだけれども、陳情に行って並んでたら、「沖縄の人いますよね。一番後ろに行ってください」と言われた。それで「何だ、わざわざ一番遠くから来てるのに」と思ったら、「一番後なら時間の制限がなくなるから」と後で言ったというんだ。だから、翁長さんが田中派だというのは、よくわかる。

かつて沖縄で講演する機会があった時、今の総理は全然沖縄に来ようともしないって話をして、「橋本さんは確か八回来た」って言ったら、一番前で聞いていた稲嶺恵一さんが「そうじゃないです。一〇回いらっしゃいました」って言うんだ。

佐高　今とはえらい違いですね。

NATO東京事務所、AA研、靖国と日本の外交

佐高　湛山ありせば、ということで他に気になることはありますか？

田中　今、湛山が生きていたらどういう意見をするかということをいろいろ考えてみるんだけど、最近起きたことで僕が問題視しているのは、NATO（北大西洋条約機構）の東京事務所を作るという話だね。

佐高　設置案は、NATOのイェンス・ストルテンベルグ事務総長が先導し、米国も後押しした。明らかに米国主導の対中軍事包囲網強化策ですね。しかし、マクロン仏大統領が中国を刺激することを避けて反対姿勢なので、どうなるかは微妙です。

田中　NATOが組織を挙げて日本に事務所を置いてもらおうということで押し切られたならまだしも、日本が手を挙げて事務所を置くという話ではない。あえて一翼を担うということについては、湛山なら本気で反対するというふうに思ったな。僕もそうだから。

佐高　その他、岸田政権下で進む軍拡路線への評価は？

田中　反撃能力とか、そういうものについては是認すると思う。僕もそうなんだけど。

佐高　長いミサイルを持つことを？　それは日米同盟だから……。

田中　だって常識で考えられない連中が指導者をやってるんだから。三人並んで、ユーラシア大陸の東側で。

佐高　金正恩《キムジョンウン》と習近平とプーチンですか。それもそうですが、そういった大国同士での綱引きではない外交・安全保障政策にも目配りしたい。

かつて、自民党のＡＡ研（アジア・アフリカ問題研究会）という組織がありました。一九六五年（昭和四〇年）、軍縮問題に尽力した宇都宮徳馬が立ち上げたもので、中国や韓国との外交重視を掲げていたのが特徴です。歴代会長には後藤田正晴や河野《こうの》洋平ら、自民党リベラル派の重鎮が就任しています。これが、今、秀征さんが言ったような米国一辺倒の欠陥を埋める一つの方向だったんじゃないかと思うんです。

つまり、ＡＡ研というのは、バンドン会議（一九五五年にインドネシアのバンドンで開催された歴史的な国際会議。第二次世界大戦後に独立したインドのネルー首相、インドネシアのスカルノ大統領、周恩来中国首相ら二九か国の代表団が参加）の精神にもあるように、アジア、アフリカの小国含めて、大国に対してある種物申す感じですよね。小国といわれるところを大事にする姿勢は、私は小日本主義に通ずると思うんです。大国だけの話し合いでやっていくのとは違う道筋が見えてくるんじゃないかと思うんですけど、ＡＡ研とはそういうものじゃなかったんですか。

田中　僕も李香蘭《りこうらん》さんもＡＡ研の一員です。今思えば、あの時代に日本がアジア、アフリカ、南米ともっと友好的にやっておけばよかった、という話はある。宮澤さんが口癖のように言っていたのは、日本のトータルな経済力が次第に落ちていくのは仕方がないとしても、政府開発援助（ＯＤＡ）だけはトップの座を保持し続けたいね、ということだった。

佐高　ＯＤＡ。そうですね。

田中　要するに、貢献の方法として、それ以上に金を出す国が出てくると、小国はそっちに行ってしまう。残念ながら。とにかく「軍事大国にならない」ということが宮澤さんの初一念のようだった。

佐高　まさに中国の方に行ってしまっている。湛山流にもっとＡＡ研的な外交を突き詰めていれば、ここのところ力を持ってきたグローバルサウス諸国と、もっといい関係を築けていたし、それがまた日本外交の売りになるということもあったでしょうね。

　この章でもう一つ話しておきたいのは靖国の問題です。湛山が「靖国神社廃止の議」というのを書いてるでしょう。

田中　戦後になってからね。

佐高　一九四五年一〇月一三日発行の『東洋経済新報』で、敗戦後すぐでした。湛山は自分の息子も戦争で死なせていますが、この文章もすごいですね。迫力があります。「難きを忍んで敢て提言す」としたうえで、「大東亜戦争は万代に拭う能《あた》わざる汚辱の戦争として、国家を殆《ほとん》ど亡国の危機に導き、日清、日露両戦役の戦果も亦《また》全く一物も残さず滅失したのである。遺憾ながら其等《それら》の戦争に身命を捧《ささ》げた人々に対しても、これを祭って最早『靖国』とは称し難きに至った。とすれば、今後此《こ》の神社が存続する場合、後代の我が国民は如何《いか》なる感想を抱いて、其の前に立つであろう。ただ屈辱と怨恨との記念として永く陰惨の跡を留《とど》むるのではないか。若《も》しそうとすれば、これは我が国家の将来の為《た》めに計りて、断じて歓迎すべき事でない」と。

さらに湛山は迫ります。「首相宮殿下《しゆしようのみや》の説かれた如《ごと》く、此の戦争は国民全体の責任である。併《しか》し亦世に既に論議の存する如く、国民等しく罪ありとするも、其の中には自ずから軽重の差が無ければならぬ。少なくも満州事変以来軍官民の指導的責任の位地に居った者は、其の内心はどうあったにしても、重罪人たることを免れない。然《しか》るに其等の者が、依然政府の重要の位地を占め或《ある》いは官民中に指導者顔して平然たる如き事は、たとえ連合

国の干渉なきも、許し難い。靖国神社の廃止は決して単に神社の廃止に終るべきことではない」

田中　東久邇宮稔彦《ひがしくにのみやなるひこ》首相の「一億総懺悔《ざんげ》論」だ。湛山は国民等しく罪があるとしても、満州事変以来国家の中枢で指導者であった者と、そうでない者とはおのずと差をつけるべきであって、戦争責任の軽重をはっきりさせるためにも靖国神社の廃止には意味がある、と論じている。

佐高　この論理は今でもそのまま使えませんか。さすがに今さら廃止、というわけにもいかないでしょうが、戦争責任のあるA級戦犯については分祀《ぶんし》するという案がありました。一九八五年（昭和六〇年）、中曽根康弘首相が公式参拝に踏み切り、中国からの反発でその次の年は参拝を取りやめた時のことです。取りやめた理由の一つに、改革派の胡耀邦《こようほう》政権が、保守派からその親日的姿勢を批判されていたことへの配慮があった。胡耀邦を追い込んではいけないということでした。そこで出てきたのが分祀案でした。A級戦犯であった板垣征四郎の息子であり、日本遺族会幹部だった板垣正《ただし》参院議員らが、中曽根の意向を受けてA級戦犯の遺族を回り調整しましたが、結局、分祀はできませんでした。湛山が存命なら論陣を張ったと思うのですが。

田中　政府中枢でA級戦犯分祀が検討された時が一つのチャンスだった。靖国問題はあそこでメリハリを付けるべきだったと僕は思う。当時は岸さんも首相の公式参拝について「近隣国が不快なら控えたらどうか」と言っていた。あの時期は解決のチャンスだったね。

佐高　中国との関係改善を進める、いわゆる「裏安保」政策としては、相当意味のあるものだったのではないでしょうか。二〇〇九年に民主党政権ができた時もチャンスだったかもしれませんね。

田中　民主党が天下を取った時に、そういう問題提起をする手はあった。自民党にできなかったことをしていれば、一つの実績にもなった。ただ、残念ながら当時の民主党にそういう歴史認識があったようにも思えなかったけどね。

湛山なら、日中関係を国民レベルでより長期的な友好関係を目指しただろうね。それに天安門事件や現在の専制主義にはもっと強い態度で臨んだと思う。

第三章　保守本流をどう再生させるか？

――湛山の立場の復活に向けて

岸信介から始まった「自民党本流」

佐高　今、なぜ湛山かという視点で、彼の経済・財政政策としての小日本主義、外交・安保政策としての国際協調主義、表安保・裏安保の知恵というものを見てきました。ここでは、保守本流という観点から湛山をもう一段深めたい。この保守本流という言い方、今、最も声を高くしているのは秀征さんではないでしょうか。ズバリ、保守本流とは何ですか？

田中　保守本流とは、昭和二〇年代の自由党に発する政治の流れを表す言葉として定着したものだね。ひと言でいうと、戦争責任の問題、歴史認識にこだわっていく姿勢とも言える。あるものの輪郭を明確にするためには、それに対抗するものの姿を描くことが一つのやり方だけど、その手法を使うとすれば、それは一九五五年（昭和三〇年）の保守合同、自由民主党結成を強力に主導した岸信介元首相に発する流れ、僕はそれを「自民党本流」と呼んでいるけど、それに対峙《たいじ》するものと言える。この二つの潮流は憲法観、歴史観で明らかに差がある。

佐高　戦後日本の保守勢力には二つの流れがあるということですね。

田中　一つは、昭和二〇年代に吉田茂に率いられて日本の再建を主導した「日本自由党」（自由党）の系譜、もう一つが、鳩山一郎が三木武吉《ぶきち》、河野一郎、岸信介ら、吉田に不満を持つ自由党内の同志や、野党の改進党など他の保守系政党、そして追放解除組と大同団結を図って結成した「日本民主党」（民主党）だ。政策、理念に大きな差があると言うより、当時は反吉田連合軍、という色彩も強い。

岸信介
写真　共同通信社／ユニフォトプレス

民主党は一九五四年（昭和二九年）に結成されて、すぐ社会党と組んで吉田政権を退陣に追い込み、鳩山一郎民主党政権を樹立、翌五五年の衆院選で第一党になると、今度は電光石火、自由党を巻き込んで保守合同劇を演じ、現在の自民党を結成した。

佐高　そこで生まれたのが岸系の自民党本流ですか。

田中　民主党も自民党も岸主導で結成された。

この時の民主党系の人たちを「保守傍流」と言う人もいるけど、僕はあえて「自民党本流」と呼んでいる。というのも、自民党は民主党の強力な主導権の下で生まれたからだ。対等合併とはほど遠かった。岸民主党系が、新党の人事権と党綱領制定の主導権を握っていた。鳩山も岸の実務能力に依存している面があった。

佐高　岸系とはどんな人たちだったんですかね。

田中　岸をはじめとしてA級戦犯に擬せられた人、公職追放を解除された人、自由党内で反吉田だった人たちが中核だった。戦前、戦中の政治に関与した人が多かったね。当時のメディアが「復古調」「逆コース」と呼んだ人たちだった。

佐高　岸は強運の人でしたね。戦後A級戦犯被疑者として逮捕されたが、不起訴となって釈放、それが一九四八年（昭和二三年）一二月二四日です。東条英機ら七人が処刑された翌日でした。一九五二年（昭和二七年）四月に公職追放が解除、五三年（昭和二八年）四月の選挙では衆院でもう議席を得ていたんですから。

田中　岸自ら強運と言っている。緒方竹虎の死、石橋湛山の病気がなければ首相にはなれなかったと。岸はこの選挙ですでに保守合同の必要性を力説しているんだね。後に自民党綱領に反映される独自の政治的見解も表明している。驚くべきことは、その後の日本の政治は、彼のシナリオ通りに展開したことだ。彼は第一級の現実政治家であったと同時に、第一級の思想家でもあった。僕は立場は違うが、日本の近代政治史上有数の政治指導者であったことは認めざるを得ないね。

佐高　自民党綱領案を作ったのは、岸の一番弟子の福田赳夫でしたね。

田中　「立党の精神」と言われた綱領五文書だ。その二つの核心は、「自主憲法の制定」と「反共対決姿勢」だった。僕が驚いたのは、先の戦争に対する真摯な総括や反省がないこと。それは保守本流と全く相容《あいい》れないところだった。

福田赳夫
写真　共同通信社／ユニフォトプレス

佐高　自民党本流の系譜はどうなりますかね。

田中　綱領案作成に当たった福田赳夫が作った清和会の系統だ。綱領で党是とした憲法観、歴史観を背負った人たち。同じ清和会でも、小泉純一郎さんなんかは党是に柔軟に対応してきたが、安倍晋三さんなんかは頑《かたく》なまでにお爺さんの党是に先祖返りした。

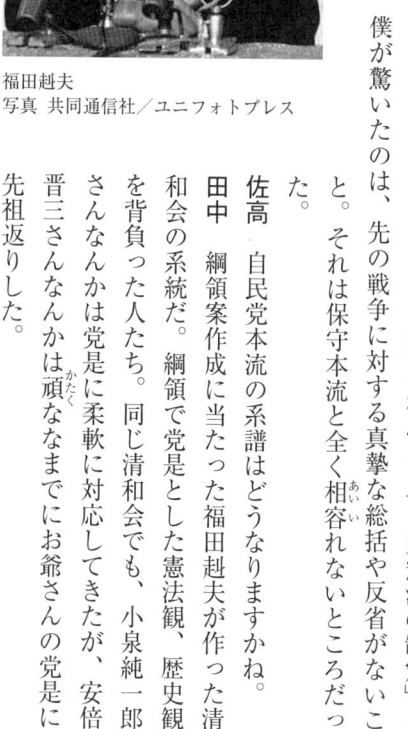

佐高　保守本流の流れも素描してください。

田中　その基本政策は、現行憲法の尊重、先の大戦の「国策の誤り」を認識、言論の自由に対する特段の配慮、拡大膨張政策の排除と国家主権の尊重、そして、経済発展の目標には国民生活の向上を挙げたことだろう。自民党本流との最大の違いは、歴史認識と言ってもいいかもしれない。そして、それは湛山の原点でもある。「**戦争中に日本が誤まった道を歩んだ、もうここで誤まった道を歩ませてはならないということを考え、それだけで政治に入ったようなもの**」（『湛山座談』）と断じている。この「日本が誤まった道を歩んだ」という歴史認識が岸信介と決定的に違う。

佐高　岸ら自民党本流には「誤まった道」という認識はない、ということなんでしょうね。

田中　まさにそう思うね。岸は晩年のインタビューで、戦前の彼が描いた「大アジア主義」は、戦後彼が目指したものと同じだと述べている。満州での戦前の彼と戦後の彼には「断絶はない」とまで言っているからね。これは日本を盟主とした大東亜共栄圏思想を正当化していると言ってもいい。

湛山に発する「保守本流」

佐高　自民党本流の源流が岸だとすれば、保守本流は吉田茂、となるわけですか。

田中　吉田ももちろんその一人ではあるが。僕は源流は石橋湛山だと思っている。表面の流れは吉田だが、その実質は湛山だと思う。湛山は戦前においてもすでに戦後日本の国家像を思い描いていたからね。それが小日本主義であり、国際協調主義であったことは、これまで説明してきた。その戦前から温めていたものを、終戦直後から国の方向付けに生かしてきた。

佐高　吉田との違いは？

田中　吉田には首相になった時点で、明確な戦後再建構想があるわけではなかった。本来なるはずだった鳩山一郎が一九四六年五月、戦前の統帥権干犯（ロンドン海軍軍縮条約批准をめぐり、軍縮問題を内閣が云々することは天皇の統帥権の干犯に当たるとして濱口雄幸内閣を攻撃。濱口首相狙撃事件の遠因となった）問題などを理由にGHQに公職追放処分にされたことで、急遽《きゅうきょ》、吉田に首相のお鉢が回ってきた。敗戦国の首相として、占領軍に逆らうことなく戦後復興を急ぎ、国際関係を修復するのが精一杯というところだった。
湛山は吉田内閣の蔵相として人気が出たが、やはりこの時点の首相は吉田が適任だった。もし湛山だったら、GHQと衝突ばかりでなかなか前に進まなかっただろう。湛山は、終戦を吉田とは違う心境で迎えている。疎開先の秋田県横手市で玉音放送を聞くなり、「新しい日本の前途は実に洋々たるものがあります」と檄を飛ばした、という話はすでに第一章で紹介したが、それに加えて、一九四五年八月二四日の上京までに八本の戦後構想論文を書き、その一つには敗戦の日を「**日本国民が永遠に記念すべき新日本門出の日**」と位置付けている。

佐高　そもそも終戦の迎え方、その後の発信力が吉田とは違いますね。戦中に力を溜《た》めに溜めてきた、という感がある。

田中　湛山は終戦まで『東洋経済新報』の主幹、社長を務め、戦後無議席のまま第一次吉田内閣の蔵相に就任、戦後日本経済が飛躍する基盤を作り上げたことは第一章で述べた。ただ、一九四七年（昭和二二年）の衆院選で初当選直後に、GHQから公職追放を受けてしまう。もちろん、湛山の戦前戦中の言動が追放の対象になるわけはなく、蔵相としてGHQに毅然《きぜん》と対処したことがその原因と見られる。GHQが、彼の台頭を警戒する吉田と阿吽《あうん》の呼吸で仕組んだ追放劇という見方が通説化しており、僕はそう理解するのが自然だと思っている。

佐高　ここで保守本流の始祖としての湛山の存在感が薄れ、逆に吉田が浮かび上がってくるということですね。

田中　湛山は四年間追放生活を送った後、一九五一年に追放解除、五二年の衆院選で当選し、政界に復帰した。しかし、追放した吉田を許せず、反吉田の急先鋒として行動を開始することとなって、このことが本来は保守本流として同根だった湛山、吉田間に亀裂をもたらし、戦後保守本流の思想的流れを難解なものにさせてしまった。湛山は吉田を倒すために、思想的には対極にある岸信介と手を組まなければならなくなったわけだ。

佐高　岸と手を携えて、アンチ吉田自由党を意識した民主党を結成する。一九五四年一一月でした。だけど、吉田と湛山との根源的な差、違いはどこにあったんですかね。

田中　あの戦争をどう見るか、という戦争観にあったのではないかな。吉田は湛山に対して「敗者である意識を持て」と忠告していた。だが、湛山は、戦前戦中に外務官僚として体制の一翼を担っていた吉田とは違い、在野で一貫して大日本主義を批判、それに対決してきたわけで、敗者という意識どころか、むしろ戦前戦中体制に対する勝者との意識すらあっただろう。

佐高　保守本流といっても、確かに湛山と吉田には差がありますね。

田中　そういうこともあり、僕は保守本流というのを、さらに二つに分けている。吉田のように「戦後になってから戦前の国策が間違っていたと反省の上に立って戦後経営に参画した保守政治家たち」と、「戦前から一貫して国策が間違っていると判断していて、その延長線で戦後政治に携わった保守政治家」とね。吉田や鳩山が前者だとすると、湛山、宮澤は後者だね。他に井出一太郎、宇都宮徳馬、石田博英といった人たちも後者だった。

佐高　ただ、そういった保守本流の中で、後者の人たちも湛山を含め追放された、という歴史があります。

田中　そうね。彼らは一九四六年の戦後初の総選挙、四七年の二度目の総選挙までは、湛山は別として、みんな追放に遭うわけだ。戦前から明確に国策の間違いを指摘していたけど、そういう人たちまで追放に遭ってしまった。坂田道太さんも後者の人だった。

佐高　坂田道太という人は、取り上げられることは少ないですけど。

田中　そうだね。取り上げられなくとも文句を言わない人だった。東大独文出。僕とは二人きりでずいぶんと長く話したことがあった。

佐高　井出一太郎さんという人は、どうだったんですか。

田中　彼は長野県佐久市で長年続いた造り酒屋の跡取りだったけど、僕に自分の戦争体験を切々と話してくれた。戦時中に職業上の役目を帯びて東南アジアへ行った、というのだが、乗っていた船が沈没して海に放り出され、生死の境を彷徨《さまよ》った。その時に、自分はもしこれで生きて帰れたら、二度と戦争をしない国を作ろうと心の底から思い、それで政界に出たという。他では聞かないから、僕にだけ話してくれたのかもしれない。

佐高　保守本流といわれる政治家の原点には、やはり戦争体験があるんですね。ところで、戦前から国策が間違っていたと思っていた宮澤さんが、なぜ、吉田に付いて自由党に入ったんですか。

田中　宮澤さんが僕に、こういう体験話をしたことがあった。首相官邸に遺族会が年金の陳情に押しかけた時の話だ。官邸の庭を群衆が占拠して車が動かない。吉田が運転手に急発進を命じたので、陳情団が危ない目に遭ったと。同乗していた宮澤さんもひどいなと思ったが、その後、吉田が車内でぼそっと「出してやりたいが金がない。思わせぶりなことをすると、なお人の気持ちを乱すから、あれ以外ないんだよ」と言ったという。宮澤さんはその時にこの人に付いていこうと思ったと、そう言っていた。

湛山vs岸① 「思想と政策」

佐高　保守本流と自民党本流の二つの潮流を、代表者としての二人の政治家、湛山と岸を比較することで見ていきましょう。

田中　二人の指導者には多くの相違点があるが、近代日本政治史上有数の創業者政治家であるとの共通点もある。岸は官僚出身の政治家と言われるが、僕はそう思わない。さっきの宮澤さんと同じで、むしろ岸の長い政治生活の中には官僚時代もあった、と言う方が当たっていると思う。彼は最初から政治家志望だった。だから大学を卒業後、政治家としての第一歩を官界から踏み出した、と理解すべきだね。

佐高　岸は一九二〇年に東京帝国大学法学部法律学科（独法）を卒業、国粋主義者の上杉慎吉から大学に残ることを強く求められ、親友だった我妻栄《わがつまさかえ》もそれを勧めたが、官界を選んだという。それも優等生の行く内務省ではなく、「これからは産業」と、あえて二流官庁と思われていた農商務省に入ったわけですよね。

田中　そこが岸の岸たるゆえんだね。並みのエリート意識じゃないんだ。そして、その岸と湛山の核心的違いは、国家観と歴史認識にあるというのが僕の見立てだ。

佐高　岸は一九三六年（昭和一一年）、満州国国務院実業部総務司長に就任、三七年（昭和一二年）には産業部次長、三九年（昭和一四年）には総務庁次長に就任。この間に計画経済・統制経済を大胆に取り入れた満州「産業開発五ヶ年計画」を実施、満州植民地経営に辣腕を振るった人物です。

満州国の五人の大物「弐《に》キ参《さん》スケ」（東条英機関東軍参謀長、星野直樹国務院総務長官、鮎川《あゆかわ》義介《よしすけ》満洲重工業開発株式会社社長、岸信介総務庁次長、松岡洋右《ようすけ》満鉄総裁。満州国に強い影響力を有した軍・財・官の五人の実力者）の一人に数えられもした。岸は大陸であそこまでの仕事をして、歴史認識がなかったんですか。

田中　いや違う。そういう歴史認識なんだ。彼は吉田松陰を買ってるし、松陰の国粋主義を尊崇してやまない。晩年に至っても、「私の国粋主義などはもとを辿《たど》れば、やはり萩《はぎ》（山口県萩市）が与えた影響ですよ」と国粋主義者を自認してもいる。

佐高　大陸で何をしてきたのか、という反省が微塵《みじん》も感じられませんね。

田中　戦後すぐの選挙もまた、この二つの潮流ができたこととの関わりがあるね。というのも、一九四六年の戦後初の衆院選、翌四七年の衆院選では、八割に及ぶ戦前政治家が公職追放されたため、大量の新人、若手が立候補して当選した。戦争への協力度が薄かった人、反省の強かった人が多数で、総じて保守本流の歴史観を共有できていたんだ。

佐高　一九四六年の衆院選では女性の参政権も認められ、日本で初めて三九名の女性国会議員が誕生した。もう二度とあんな戦争は御免だという国民世論が強く出ていましたね。

田中　ところが、一九五二年、五三年の衆院選で、もう一つの流れが国政に加わったんだね。それはA級戦犯に擬せられた人、公職追放を解除された人たちの、大量の政界復帰の流れだ。彼らの多くは、自分たちが関与した先の戦争をできるだけ正当化しようとした。それが五〇年代前半の、内外の左翼勢力の急伸に対抗する形で大きな流れと化していった。その終着点が五五年の保守合同による自民党の結党となるんだね。

佐高　歴史観の違いは、どういう形で出てくるんですか？

田中　それは岸が主導した自民党綱領に表れている。先の戦争への反省や、戦争を二度と繰り返さないという決意は盛り込まれておらず、徹底した反共主義が強調されているのが特徴で、湛山に源流を発する保守本流の歴史観はないがしろにされている。

佐高　岸はあの戦争をどう総括していたんですかね。

田中　岸は太平洋戦争が日本の正当防衛であったとの立場を変えなかった。もちろん、負けたことは受け入れる。ただ、それは戦略を誤った、という反省なんだよ。これに対して湛山は、第一章で見てきたように、岸らの大日本主義に対抗して、小日本主義という別の選択肢を明確に示し続けてきた。

佐高　確かに一九二〇年の段階から、それは明確ですね。『東洋経済新報』の社説に「日米衝突の危険」と題して、「**もし一朝、日支の間にいよいよ火蓋が切られるときは、米国は日本を第二のドイツとなし、人類の平和を攪乱《かくらん》する極東の軍国主義を打倒せねばならぬと、公然宣言して、日本討伐軍を起こし来たりはせぬか**」と書き、大日本主義の末路に警告を発している。

田中　こういった歴史認識が明確なのを、保守本流と言うんだよ。二度と他国に手を出さないという教訓だ。それともう一つが、独立というものの尊厳についてこだわるところ。そこが僕が決定的に大事だと思っているところだけど、それは宮澤さんも同じなんだ。

佐高　自分たちの独立にこだわる、ということは、他国の、他地域の独立にもこだわるということですよね。

田中　つまり、どこも武力侵攻すべきではない、ということなんだが、今で言えば、日米地位協定などにもこだわるということ。日本の主権、独立はきちんと守られているのかどうか、本当に対等なのかどうか、とね。他で侵略されたり、独立しようとしている勢力や国についてはその姿勢を理解する。

佐高　憲法観の違いはどうですか？

田中　自民党本流の方は、一九五五年の「立党の精神」と銘打った党綱領通りで、憲法改正を強く打ち出している。九九条の国会議員など公務員の「憲法尊重擁護義務」があるにもかかわらず、だ。それは安倍晋三さんが「改憲は我が党是」と主張する根拠にもなってきた。一方、この憲法の公布（一九四六年一一月三日）まで政権の座にあった政党や政治家は、この憲法制定に一義的責任があり、その基本原則部分、特に、戦争放棄や国民主権、基本的人権の尊重には格別に尊重する姿勢が強い。

佐高　湛山もその一人でした。ただ、岸にとっては、この憲法を改正することが政治的使命であり政界復帰へのエネルギー源でしたよね。

田中　岸の改憲論は、冷戦激化の中、アジアの中で丸腰で中立のような外交安保策では日本は生きていけないという現状認識がベースになっていた。一国の憲法が他の国に起草され押し付けられたことに対する反発もあった。

佐高　湛山はむしろ、戦争放棄の条項を歓迎しました。

田中　「**日本ばかりでなく、いやしくも独立国たるいかなる国もいまだかつて夢想したこともなき大胆至極の決定**」とし「**痛快極まりなく感じた**」（「憲法改正草案を評す」）と言っている。湛山は吉田自由党から出て鳩山自由党の政策委員長として党の政策に憲法改正を盛り込んだ時も、「**我が国情に適応するよう改正する**」としたうえで「**9条の戦争否定の精神はあくまで我が国是として存置する**」とした。

佐高　経済政策ではどうですか？

田中　二人とも経済の専門家だった。湛山は卓越した経済評論で世に出たが、岸は群を抜く優秀な経済（商工省）官僚として活躍した。ただ、湛山が一貫して自由経済の立場に立ったのに対し、岸は統制経済の中枢を担ってきた。湛山が民の展望台から経済を見ていたのに対し、岸は官の展望台から俯瞰《ふかん》していた。それが違いだったね。

湛山vs岸②「対米関係と釈放の背景」

佐高　次は、湛山と岸の、保守本流と自民党本流の対米観の違いです。これは第二章でも触れましたが、湛山はあのＧＨＱに対しても屈しなかった。それが遠因で追放を食らったり、吉田からも「敗者である意識を持て」などと言われるほどでした。
一方、岸は、米英への宣戦の詔書にサインした一人として反米であったが、戦後は親米派に転換。それも米国からすると、数少ない頼りになる政治家という存在に生まれ変わっていますね。それは一体どこから来るものなのでしょうか。

田中　A級戦犯に擬せられていた岸信介がなぜ釈放されたか、という問題にも関わってくる。朝日新聞の若宮啓文《よしぶみ》（元主筆。二〇一六年死去）の『戦後70年　保守のアジア観』（朝日選書、二〇一四年）という著作がある。日本の戦後保守が中国、韓国、東南アジアとどのように向き合ってきたのか、そのアジア観、アジア政策の歴史を検証したものだが、その中に岸釈放の経過も書き込まれている。それによると、GHQ人脈が巣鴨の獄中の岸としばしば接触していた、とされている。

佐高　こうありますね。「岸の日記にはG2（参謀第二部）との取引めいた話は一切出てこないが、G2に連なる人脈が獄中の岸としばしば接触していたことは事実だ」。若宮啓文もまた、湛山にほれ込んでいました。

田中　湛山が大好きだったね、若宮も。その著者が石橋湛山賞を受賞して間もなく亡くなってしまった。

佐高　岸とCIAの関係をもっとありていに示す文書でも出てくれば、西山太吉さんの密約スクープに匹敵する特ダネかもしれません。歴史を変えますよね、もしそんなのが出てきたら。

田中　メディアでも歴史家でも、そのへんのことをもっときちんと調べてもらいたい。米公文書を調べたらもっとわかることがあるのかもしれないが。岸は回顧録でも、冷戦の激化を待望していたことがうかがわれる。

佐高　岸釈放の謎解きですね。若宮が指摘したように、冷戦進行と親米派転向との間に因果関係があったかどうか。岸は東条英機ら七名の戦犯が処刑された翌日の一九四八年一二月二四日、不起訴となり放免されました。

田中　そして、弟の佐藤栄作官房長官の公邸を訪れ、たばこを吸うんだ。

佐高　その写真が残ってます。釈放された理由としては、開戦を実質的に決めた四一年一一月二九日の共同謀議には参加していなかった、東条内閣を閣内不一致で倒閣させた最大の功労者であることなどが指摘されています。

田中　あまりにもスピーディーな岸の進撃だ。一九四八年一二月に放免されたと思ったら、四九年には銀座に事務所を構え、五三年四月、自由党公認候補として衆議院選挙に当選している。その五三年衆院選の選挙公報にはすでに「保守合同」と書いている。

佐高　しかも、その保守合同を二年後には実現してしまいます。

田中　一九五四年一一月には鳩山一郎とともに民主党を結成し、幹事長に就任、五五年一一月に保守合同して自由民主党が結成されると、初代幹事長だ。そして、五六年一二月の自民党総裁選に立候補。七票差で石橋湛山に敗れるが、外務大臣、副総理格として石橋内閣に入閣し、病に倒れた湛山の後、五七年（昭和三二年）二月二五日にはとうとう首相に就任した。刑務所を出て一〇年足らずのことだ。A級戦犯に擬せられた人物が首相になる。しかも、それは占領下で起きたことであり、占領後も米国の強力な影響下にあった時代の出世物語だ。

佐高　保守合同も岸首相も、米国のシナリオであった可能性があるわけですよね。

田中　米国からすれば、応援するからやってみろと。世界的に展開していた対共産主義封じ込め政策の、日本における先兵役として、ということだ。CIAから岸に金が出ていたということを、米国の日本戦後史研究者が書いていた。

佐高　マイケル・シャラーの『「日米関係」とは何だったのか─占領期から冷戦終結後まで』（市川洋一訳、草思社、二〇〇四年）ですね。マッカーサー二世、ダレス、アイゼンハワーという面々が、岸信介という政治家に賭けていた、または投資していた、とたびたび発言していたことを紹介したうえで、弟の佐藤栄作が、米国側に選挙運動資金の無心をしていたことを明らかにしています。具体的にはこういう記述です。

「佐藤はアメリカ大使館一等書記官スタン・カーペンターとひそかに会って、運動資金を懇請した。佐藤は、共産党と社会党が中国やソ連から『相当な』額の金を手に入れていると訴えて、マッカーサーの言葉を借りれば、『われわれから金をせびろう』とした」とね。

CIAによる資金提供の事実にも触れています。「一九六〇年代の初期までに政党と政治家個人に対する毎年二〇〇万ドルから一〇〇〇万ドルの資金供給が『定着して慣例』となり、日米双務関係の正規の一部分となっていた」とある。

田中　佐藤には相当な危機感があったんだろう。当時の総評や社会党、特に左派の勢いを見ると。

佐高　革命前夜とでもいうべき雰囲気があったんですかね？

田中　左右社会党が一緒になって左翼勢力の一本化が進む。それに対抗したのが保守合同だが、それは次の項で話すとして、このような動きは、ソ連との冷戦を抱えた米国から見ても無視し得ぬものだったから、保守親米勢力を糾合する必要があったんだろう。岸はその中の最右翼、米国が最も期待した一人じゃないか。

佐高　対米関係において、戦前、戦中に、戦争に加担した人ほど、戦後は手のひら返しで向米的になるというが、よく考えると変ですよね。

田中　それは「昔はそうだったけど、今は改心してますよ」というのを見せるために、そういう態度になるんだろう。

佐高　一種の転向ですね。

田中　だからマイナスを背負っているということだよ、米国に対して。

佐高　それで過剰にもみ手しなきゃならない、と。

田中　湛山と宮澤さんには、それがないから強いんだよ。

佐高　岸たちの態度は一種の事大主義とは言えませんか。大きなものの中に頼っていくみたいな。戦争中の天皇制に対しての忖度や依存が、戦後は米国という新しい権力に対する……。

田中　そういう面もあるかもしれない。

佐高　自分の過去を消したいみたいな感じですよね。

湛山vs岸③「保守合同」

佐高　さて、湛山はGHQと吉田の連携プレーで、一九四七年から四年間、公職追放の憂き目に遭います。一方で、岸は巣鴨から釈放され、政治活動を再開、保守政界の中心に躍り出る。そして迎えるのが五五年の保守合同です。湛山は保守合同に一応賛成してしまうわけですが、これをすごく後悔してますよね。それについては、秀征さんはどう感じてますか。

田中　保守合同は、完全に岸が主導したもので、背景には米国の対日政策の変化があった。それは一九四八年一月六日の米陸軍長官ロイヤルの演説で始まった。

ソ連との冷戦が燎原《りょうげん》の火のように広がり、それに対抗するために、蔣介石《しょうかいせき》の国民党中国と組んで日本を徹底的に弱体化するという米国の従来方針は通用しなくなった。いわゆる右旋回という動きだ。公職追放の緩和・中止、日本の警察力の強化など、「日本を弱くする方針」から「日本を強くする方針」に切り替わっていく。その流れが警察予備隊の創設となり、保安隊を経て自衛隊に発展していった。

佐高　その米国の方針転換の流れを、「公職追放の禁止・緩和」によって政界復帰した戦前政治家たちが担うわけですね。

田中　その中核政治家が岸だった。米国から見て、この時代の流れを支配できる政治家は岸をおいて他はいないと考えるに至った、としても不思議はないね。

佐高　さらに、保守合同の背景には、左右社会党の一体化もあった。

田中　講和条約の賛否をめぐって左右に分裂していた社会党が、保守合同より一足早く、一九五五年一〇月一三日に再統一された。その年の二月の衆院選で、左派社会党が八九議席と、右派社会党の六七議席を上回ったことも大きかった。左派主導により、日本における社会主義革命が現実味を帯びたわけだ。その意味では保守合同とは、冷戦激化とそれに伴う米国の政策転換を背景に、国内の左翼勢力の伸長に対抗するために断行された保守内対立の一時休戦とも言える。

佐高　岸はそういう一連の動きを読んでいたんですかね。

田中　そのふしがある。一九五三年に議席を得ると、保守合同に必要な布石を打っていた。まずは米国の方針転換に伴い第一段階の政党、つまり民主党を結成して吉田自由党政権を倒し、鳩山一郎民主党政権を樹立する。岸自身が与党幹事長としてその流れを主導してきたわけだからね。

佐高　それに対して保守本流の方は受け身でしたね。岸のなすがままという感もあった。

田中　全部岸だ。緒方竹虎ら吉田本流の人たちは、口を開けて見ていたという感じだった。湛山もまた異を唱えることがなかった。つまり、岸の流れに乗ってしまった。

佐高　私はこの保守合同が、日本の戦後政治の誤りの一つだったとしか思えません。実際に当時、松村謙三、三木武夫ら、最後まで反対論をぶっていた人たちもいました。松村も三木も、戦争中に政党が解消され大政翼賛会が作られて異論が封じられた歴史を二度と繰り返してはいけないと思っていたんですね。

　保守二党ゆえの健全なチェック力に期待していた。松村も三木も、リベラル派政治家として湛山の仲間でしたが、保守合同では袂《たもと》を分かちました。ただ、湛山も後に反省しています。『湛山座談』では、**「保守合同には反対だったと今日に至るもときどき松村謙三氏に言われて、これには僕も頭を下げるよりほかない。まったく僕の考え違いだった。なんでも吉田を倒して保守を一本にまとめるということに目がくらんでいた」**と回顧しています。

保守本流と自民党綱領問題

佐高　保守本流と自民党本流との違いをさまざまな角度から歴史的に振り返ってきましたが、ここで秀征さんの政治家としての実体験をお聞きしたい。自民党綱領改正問題です。確か、秀征さんが衆院議員に初当選してまだ一年生の時ですよね。自民党結党三〇周年という時期にぶつかり、党綱領を見直そうという話になった。これ、もともと秀征さんが提案したんですって?

田中　僕の政治生活で最も苦い思い出かな。一九八五年のこと、中曽根康弘首相時代だった。僕は党機関紙を通じて「三〇周年だから新綱領を作ろう」と呼びかけた。当時の金丸信《しん》幹事長に直談判《じかだんぱん》すると、「それはいい」と賛成してくれた。

佐高　あの金丸がね。

田中　その時に金丸さんが、「とにかく何があっても戦争だけはもうしちゃいけない」と言ったんだ。やはり保守本流なんだよ、あれ。

佐高　田中派ですから、一応ね。

田中　その金丸さんが、党内で議論する組織として、「政綱等改正委員会」の人事を決めてくれた。井出一太郎を委員長に、渡辺美智雄委員長代理、海部俊樹事務局長という体制だった。委員には小渕恵三ら一〇人の有力政治家が名を連ねた。僕は提案者として一年生議員ながら委員の一人になった。しかも、綱領起草の一切を任されたわけ。このへんは自民党の懐が深いところで、起草を僕一人に全部任せてくれた。だから本当に自由奔放に書くことができたんだよ。

佐高　当時、そういう問題意識を持った政治家、しかも若手はあまりいなかったんでしょうね。で、秀征さんは、その作業に全力挙げて取り組んだわけだ。

田中　そう。選挙運動もせずに半年間もその起草に取り組んだ。

佐高　そして、一九八六年（昭和六一年）の衆参ダブル選挙を迎える。「死んだふり解散」とも言われ、戦後二回目となる衆参同日選挙で、中曽根自民の圧勝、追加公認を含めると自民は三〇四議席を獲得、それこそ結党以来の最高記録となった。

田中　その選挙で僕は、一〇〇〇票台の差で落選する憂き目に遭った。何度も落選した末に得た議席だっただけに、送り出してくれた同志には顔も向けられない結果だった。それだけに忘れられない仕事だったね。

佐高　それだけ秀征さんがこだわった自民党綱領ですが、一九五五年の保守合同の際にできたんですよね。誰が書いたんですか。

田中　骨格というか項目を出したのが岸信介、実際に書いたのは、前述したように福田赳夫だと言われてる。

佐高　じゃあ、まさに清和会綱領ですね。

田中　綱領五文書と言われている。立党の宣言から始まって、綱領、党の性格、党の使命、それから党の政綱と続く。

佐高　そういうスタイルはいいけど、やはり、綱領で改憲を前面に持ってきたところが落ち着かなかった、ということですね。

田中　吉田系とか保守本流と言われている人たちからすれば、面白くない。僕は宮澤さんに「どうも違う表札の家の中にいる感じがします」と言ったことがある。保守本流からすれば、自民党本流の表札の家の中にいるようで、何となく居心地が悪い。靴は脱ぐけど、靴下まで脱げないような、そういう心境の部屋にいたという印象じゃないかな、恐らくは。この自民党綱領の件は、五〇年前に『自民党解体論』に書いていた。

佐高　靴は脱ぐが、靴下は脱げない。なるほど、うまい表現ですね。

田中　自民党綱領の問題というのは、陰に隠れてずっと一つの筋としてあったし、それを変えたいという気持ちは、保守本流はみんな持っていた。池田勇人政権になって以降は、経済成長の方へ主導権を取ってやっていたから、その余裕がなかったのはある。

佐高　結党三〇年で急に出てきた話ではなかった。

田中　そうそう、僕がまだバッジを付ける前からあった。僕がけしかけて石田博英さんが後押しした勉強会があり、メンバーには安倍晋太郎さんも入ってた。晋太郎さんの憲法に対する考え方は、岳父の岸というより、リベラルと言われた実父の安倍寛《かん》の系列で、思想的にも晋三さんとは違う。石田さんも晋太郎さんのことは評価していた。

佐高　秀征さんには、その勉強会の蓄積があったので、一年生でもそういう仕事ができた、ということですね。安倍寛という人物について補足すれば、金権腐敗を糾弾するなど、清廉潔白な人格者として知られ、地元で「大津聖人」と言われていた人物でした。そういう保守本流の動きに対し、自民党本流の人たちは、どうしていたんですか。

田中　清和会の人たちは、まさか綱領が改定の対象になるとは思っていなかっただろう。

佐高　その隠れた緊張関係が表面化したのが、一九八五年に秀征さんが火をつけた「綱領改定事件」だった。一種のドラマですよね。保守本流と自民本流が侃々諤々《かんかんがくがく》の議論をし、田中秀征という保守本流の若手エースが出てきて、いいところまで戦ったが、最後は自民本流に押し戻された、というね。で、秀征さんは綱領をどう書き直したんですか？

田中 「自主憲法制定」とぶち上げているくだりを、「我々は憲法を尊重する」「時代の変化に応じて絶えず見直しの努力を続けていく」と書き替えた。結論から言うと、僕の草案は改正委員会をそのまま通り、中曽根さんからも理解を得られたと聞いたが、他の党機関に待ったをかけられ、そこからは袋叩きになった。

それだけではない。選挙区では僕が極左であるかのような怪文書がばらまかれ、右寄りの新聞では大きく紙面を使って僕を叩いたところもある。自民党本流からすれば、僕の草案の憲法条項は許しがたく映ったんだろう。いざとなったら自民党本流の別動隊は牙を剝《む》くと実感させられたね。

佐高 そのドラマ、もっと聞きたいですねえ。どんな人たちが蠢《うごめ》いた？

田中 いろんな人が登場した。中曽根派の村上正邦、稲葉修なんて人たちもいた。彼らはものすごい勢いで暴れる感じだったね。

佐高 村上正邦と言うと、「生長の家」をバックに出てきた参院議員で、「参院のドン」とも呼ばれていました。KSD事件に連座して逮捕され、出所してからは私などとも友好的に話して人が変わったようにリベラルになった人ですが、当時はガチガチのタカ派、改憲派でしたね。

田中　「ソ連のスパイだ」って、井出さんと僕を論難したね。ただし、その後、あなたの言う通り、村上さんは変わった。安倍政権の集団的自衛権行使解禁にも反対で、何かの反対の場に僕を引っ張り出そうとしていたね。「田中秀征を呼ばなきゃ意味ねえじゃねえか」と。ただ、一九八五年当時は、先頭切ってやったのが村上さんだったんだ。

佐高　確か二〇〇〇年でしたか、参院憲法調査会に私と西部邁《にしべすすむ》が参考人として呼ばれたことがあるんです。西部が改憲、私が護憲という立場で出て、その時の会長が村上正邦でした。その時に私は、秀征さんから聞いたことのある、例の渡辺美智雄の話を紹介したんですよ。あのミッチーが憲法のことを、「最初は気に入らない嫁だと思ったけども、いいところもあるし、立派な子どもを産んでくれた」と語った、というエピソードを引用して、「見事な現実政治家の感覚」、つまりそれが保守の良識じゃないかと言ったわけです。

そしたら、世耕弘成《せこうひろしげ》が「年齢がいって枯れている方ならそれでもいいいかもしれないが、ぎらぎら頑張っていきたいと思う（若い）人間としては、気の進まないパートナーをそのまま引きずるより新しく出直す気持ちを持ちたい」って生意気なこと言ったんですよ。それでなごやかになった雰囲気をぶち壊してしまった。ところで、時の首相であった中曽根大勲位は、秀征さんの改定案に対して、どうしてたんですか？　あの人も本質は改憲論者でした。政権にあった時は隠していましたが。

田中　事務局長だった海部さんが、夜中に僕の議員宿舎を訪ねてきたことがあった。僕の原案に対する中曽根さんの修正点を持ってきた。

佐高　変えてくれって？

田中　理念部分に「東西文明の融合」という文言を盛り込むなど何点かあったけど、僕は一切飲まなかったね、それ。

佐高　それで草案はそのまま通ったんですよね。

田中　綱領委員会では、僕の書いた草案がそのまま通ったが、その後はひどかった。自主憲法をはなから認めないということ自体が、もう政治の姿勢としておかしい、などとね。自主憲法制定派や自民党本流の人たちにめちゃくちゃやられたよ、表向きこっちはたった一人だからね。ただどういうわけか、ハマコー（浜田幸一）さんは、いつも味方してくれた。

佐高　そして選挙でも落とされる。今につなげて言うと、そこには統一教会の存在があった。つまり改憲勢力と統一教会は結び付いていましたからね。秀征さんはあんまり言わないけど、落選の背景には彼らの暗躍もあったのではないですか。

田中　それはちょっと違う。落選はあくまでも、僕が選挙区回りよりも綱領改定作業を優先したことにある。ただ、選挙区にものすごい数の怪文書をまかれたのは事実だ。ある週刊誌の選挙後の識者座談会で、今回の選挙は田中秀征の落選が一番の成果だという黛《まゆずみ》敏郎さんの発言が出ていたのを覚えている。

佐高　皮肉っぽく言えば、統一教会は秀征さんが元凶だという的を外してなかった、ということだと思いますけどね。

自民党裏金事件よりも深刻な問題とは

佐高　なぜ今湛山か、ということにも関連してくると思うので、ここでは裏金事件を取り上げましょう。

二〇二三年暮れから二四年にかけて、日本政界には「裏金スキャンダル」の暴風が吹き荒れました。派閥がパーティー券を企業・団体に対し売却する際に、その売り上げの一部が派閥所属の国会議員にキックバック（還流）され、その「出」と「入」が政治資金収支報告書に記載されず、「裏金」扱いされていた、という問題です。

東京地検特捜部の捜査で、同年一月に国会議員三人を含む一〇人が政治資金規正法違反（虚偽記入）罪で起訴（うち四人は略式起訴）されました。岸田文雄首相はこれを受け、四月に安倍派幹部ら三九人の処分を決定（離党勧告二人、党員資格停止三人、党の役職停止一七人、戒告一七人）、政治資金規正法も改正しました。この岸田自民の一連の対応をどう見ていましたか。

田中　自民党のやり方と国民世論とのミスマッチを感じた。政治資金規正法改正案で公開基準を一〇万円超にするかどうか、ということに一般の人は関心がない。中身の不十分さもさることながら、「裏金問題の実態が未解明だ」という人が九〇％台だ。調査してないから、どうせろくなことはできないと見られている。岸田氏が党首としてどう責任を取るかという関心事に対しても回答がない。ざわざわしていて、何をやってんだか、という感じだ。そこが岸田氏も自民党もわかっていない。

佐高　自民執行部の危機感が足りなかった？

田中　こういうことになると、執行部というより一人一人の問題になる。次の選挙で当選できるかどうか、自分だけでも何とか切り抜けたいと思うものだ。

佐高　どうすれば良かったと思います？

田中　簡単なことで、党の責任で自民議員全体にアンケート調査すればいい。第一に、「裏金問題を知っていたか否か」、第二に、「知っていたとすれば、その違法性を認識していたか否か」、第三に、「それに関与していたか否か」。もし違法性を認識してないと回答した人がいれば、次の選挙では落選だ。国会議員なのに法律も読めない、となる。

佐高　自民党も関係議員だけに調査したが、違法性認識についてはあえて聞いてませんね。聞いてもなかなか答えられなかったでしょうし。自ら違法性を認めて逮捕してくれ、というようなものですからね。

田中　こういう時は、正攻法の攻め方をすることが大事だ。それをみんな知りたい。有権者は、自分の選挙区の自民党議員しか見てないから、全員を調べて公表すればいい。党処分とは別に、事実関係を詳らかにして、有権者に判断を委ねればいい。自民党が調査しないなら、大手メディアがやるべきだった。

佐高　一種の調査報道ですね。確かに、大新聞にはそれくらいのことをして欲しかったですが、その他にどんなことをやるべきだったと思いますか。

田中　政治資金の「出」の規制だね。今議論されているのは「入」の規制ばかりだ。政治資金名目で集めながら一体何に使っているのか。使途をもっときちんと調べ、必要ないものは落としていく。例えば、会食費だ。膨大な額を使っている。この際、政治資金をきちんと定義づけ、政治資金による会食は違法とすべきではないか。会食費は自分の所得から出すか、会費制にする。

佐高　慶弔電報というのも相当かかるのではないですか。

田中　ものすごい負担だね。のど自慢からカラオケ大会、老人部会の新年会から小中学校の入学式、運動会にまで出すんだから。

佐高　慶弔電報といえば、私の親父《おやじ》がなくなった時に、高市早苗から来たのでびっくりしたことがあります。思想信条で言えばあり得ない。たぶんテレビで一回会っただけですが、それでも来るんだと。名刺交換したのをずっと取り置いているんでしょうね。

田中　慶弔電報を削れば、政治家もうんと楽になるはずだ。本来はそんなところで競争する必要はないのだからね。

佐高　ただ、慶弔電報でしか勝負できない人たちもいますから、当然反対が起きますね。

田中　そういう議論になるね。僕の子どもが小学校時代、何かの行事の際、同級生たちから「お前の親父だけは電報をよこさない」と言われたらしい。

佐高　それはかなりつらい話ですね。

田中　学校側がいろいろ気を遣ってくれて、「多くの政治家から電報が来ていますが、読み切れませんので、壁に掲示しておきます」ということで、個々の政治家の名前は読み上げなかったらしい。それが実態だったね。

もっと困るのは、田中秀征は電報を打たないので家族も後援会も肩身が狭いだろうから、と僕の支持者が勝手に打ってくれるケースがある。勝手に自分の金で打つんだね。後で打たれた方からお礼があって、「いや、僕は打ってないよ」ということがあった。これは笑い話にしても、会食費と慶弔電報を切れば、政治家はとても楽になるはずだ。そういう規制について何もやってこなかった。そのツケが出ている。

佐高　企業・団体献金を今回バッサリやめてしまう手もあったのではないですか。

田中　自民党には本当に困ることだが、それをやらなければ政権明け渡しというところまできている。

佐高　秀征さんが半世紀前の一九七四年（昭和四九年）に書かれた『自民党解体論―責任勢力の再建のために』が、二〇二四年四月に、そのままのタイトル、中身に解題を加えて新装復刻されましたが、その中に言い得て妙なくだりがありました。曰く、「自民党という衣服は、政治資金という一本の糸だけで縫い合わされている。この糸に異変が起きれば、さしもの巨大な衣服も一挙に解体を余儀なくされてしまう」。企業・団体献金の禁止は、まさに自民党解体につながるのでは？

田中　当時と違うのは、政党交付金や政策秘書制度が導入されるなど、政治家の立法活動を支援する周辺体制が整備されたことだ。政治資金が少なくてもやっていける体制になっている。

佐高　今回、自民党に突き付けられた問題は、企業・団体献金を禁止するといったようなことだけではない、ということですか。

田中　確かに、政治家はもっと清潔にしろという民意はあるけど、今回はそれで済む話ではない、というのが僕の見立てだ。根本にあるのはリーダー不在論。つまり、政権与党を張っている自民党に、時務を果たせる優れた指導者がなぜ出てこないか。それに対する国民の不満と怒りが今の低支持率につながっている。

　岸田内閣の支持率の低迷は、岸田首相本人に向けたものではなく、自民党全体に向けたもの。だから新総裁になったら劇的に回復するというものではない。総裁候補たちは「これ以上裏金問題に切り込まない」という暗黙の了解があるようだが、それでは誰が後継総裁になっても、岸田に及ばないことになる。

直近の朝日新聞の世論調査（二〇二四年八月二四、二五日）によれば、「新しい自民党総裁は、派閥の裏金問題の実態解明を進めるべきだと思いますか」の設問に、「進めるべき」が七〇％、「その必要がない」が二四％だった。この調査での内閣支持率は二三％だから、自民党が「裏金問題は終わった」とするなら、新しい総裁になっても支持率は変わらないことになる。納得できる実態解明が、自民党再出発の前提条件だね。

ここは半世紀に一度の大改革の好機だから、平成の選挙制度、省庁再編の両改革が行き詰まっている今、大改革の旗手が現れて、劣化の流れを押しとどめてほしいね。

佐高　岸田もダメだが、それに代わる人間もいない、ということに対するやるせなさはありますね。何しろ、総裁選立候補者で護憲派は加藤紘一《こういち》が最後ですからね。岸田は自民党支持者から護憲という選択肢を奪った。

田中　要するに有権者の頭には岸田氏に代わる人がいない。政党では、野党第一党の立憲民主党の支持率がなお一桁だ。つまり、現政権にとって代われる人もいなければ、党もない、というところまできている。その深刻さに国民が気付いた。パーティー券購入の公開上限額への関心より、人材不信が根底にある。ユーラシア大陸に習近平、プーチン、金正恩がおり、太平洋側にトランプが出てこようとしている。専制主義的指導者に囲まれた難しい時代に人材の底がついたらどうするんだと、みんな心の底で思っている。

佐高　「政治家に求められるのは、清潔さより実力だ」と言うと、田中角栄が思い浮かびますね。

田中　角さんが許されるのは、ある意味それに見合う仕事をしたから。あの時代に、新幹線、高速道路網など全国的な産業関連社会資本を整備した。ゴリ押ししてあそこまでやったのは、やはり角さんの功績だったと、宮澤喜一さんも認めていた。一方、宮澤さんの仕事は、緑地、公園、上下水道、住宅といった生活関連の社会資本の立ち遅れ対策だった。角さんと宮澤さんの仕事は、ある意味表裏一体で、いずれも自民党が誇る貴重な人材だった。

佐高　この局面で、なぜ人材が急に払底したんでしょうかね。

田中　選び方に問題があるからだろうね。自民党の政治家が引退すると、子どもを後継に出す。世襲批判があっても、公募という形で選ばれたことにする。しかし、候補者は当選可能性で選ばれるし、政党支部の役員はみんな親の政治家の子分だから、それで決まってしまう。そのからくりを選挙民は見ている。僕に言わせれば、優れた人物に道をあけない政治が罷《まか》り通っているということだね。

佐高　これはつまり、今の小選挙区比例代表並立制が問題ということですか。

田中　まさにそこだ。簡単に言うと、人を選ぶことができなくなってしまった、ということ。これは政党には致命的だ。僕は自分の希望で無所属で出た人間だが、現制度ではそれはできない。その結果、年々世襲化が進み、政治家が家業の様相を呈している。近年著しい日本の多面的な劣化は、政治家の世襲による人材の劣化と無縁ではないね。

佐高　小選挙区制度が世襲化を加速しているのは事実ですね。

田中　そのへんを選挙民はよく知っている。小選挙区制だからこうなる。そういう話になっている。僕は福山大学（広島県福山市）で、客員教授として塾みたいな講座をずっとやっているけど、小選挙区制の話になって、「これを変えなければダメだと思う人は手を挙げてくれ」といったらほとんどが手を挙げた。中に一人、同僚の教授が混じっていて、翌日に大学に行ったら、彼が「全員手を挙げましたね」と言う。一人だけ挙げない人がいて、見ていたら、途中から挙げたという。五〇、六〇人の会だけどね。

佐高　世の中も今の制度については疑問を感じている人が多くなった、というのは感じます。そもそも政権交代しやすくなる、金がかからない、という制度だったはずだが、スキャンダルまみれの安倍政権のようなのが八年も続くし、裏金問題も起きますからね。選挙制度については第六章で議論しましょう。

話を戻すと、代議制と言うのは、やはり人材を育てる、リーダーを作り上げるための制度ですか。

田中 そこに石橋湛山が出てくる。前述したように湛山は、「**代議政治の要諦は、その政治機関、要するに議会および政府に優秀なる人物を得ることである。一人のキリストがあれば、人類は思想的に救われる。一人のグラッドストンが出れば、人民は政治的に解放される**」と書いた。議会政治というのは、優れたリーダーを選ぶためにあるという話だ。代議制のルーツは王様の専横を止めるブレーキ役だが、人間社会は放っておくと世襲になりがちで、それ以上に大事なのは、指導者を選ぶことだ。その意味で日本の代議制はうまく機能してこなかった。

佐高 三角大福中（三木武夫、田中角栄、大平正芳、福田赳夫、中曽根康弘）までは、まだ創業者としての風格がありましたね。安竹宮（安倍晋太郎、竹下登、宮澤喜一）もまた、それぞれに存在感がありました。そこからがいなくなりましたね。小泉純一郎の後、安倍晋三、福田康夫、麻生《あそう》太郎と続いた一年交代の政権が象徴的でした。ついに自民党は、かつての首相の子や孫しか総理ができなくなった。そこまで人がいなくなったかと思いましたが、その彼らもまたお粗末だった。確かに選挙制度が変わった頃からの傾向とも言えますね。

田中　湛山に学ぶべきもう一つは、単騎出陣を厭《いと》わないところだろう。とにかく独りで走り始める。いや、独りでも走り始める。改革者は、同調者を当てにしてじっと待っていたりはしない。時務にのぞんで単騎出陣する志士によって、新しい時代の扉は開かれるものだ。

佐高　今の自民党の若い政治家にそういう人がいますかね。湛山も一九六七年（昭和四二年）、病床から「政治家にのぞむ」という文章を発表し、「**私が、いまの政治家諸君をみていちばん痛感するのは、『自分』が欠けているという点である。『自分』とはみずからの信念だ**」「**政治家の最もつまらないタイプは、自分の考えを持たない政治家だ**」と述べています。

田中　理想的なのは、自民党に入らない、あるいは自民党を単騎もしくは集団で抜ける。そして、当選したら自民党に乗り込んで改革していく、というスタイルだ。その流れができたら必ず解党的出直しになる。できるだけフリーハンドを維持する。いざという時に、既成勢力の縛りなしにことを起こせる。そういう人材が数人いたら政治も大きく変わると僕は思っている。

佐高　まさに一九九三年、宮澤政権に対する不信任案が可決され、秀征さんたちが離党して新党さきがけという集団を作っていく過程がそれでした。そこも第六章で詳しく語っていただきます。

第四章　その衣鉢は誰が継ぐ？

——湛山の後継者

湛山を愛した四人の政治家

佐高　この章では、保守本流としての湛山の後継者、あるいは信奉者は誰なのか、ということを論じましょう。秀征さんの整理だとそれは宮澤喜一、石田博英、宇都宮徳馬、井出一太郎、ということになりますよね。

田中　もちろん、他にも島村一郎さんなど、何人もいます。池田勇人元首相もその一人で別格でしょう。仮に天国で湛山に対して「あなたの弟子を挙げてくれ」って言うと、この四人は必ず挙げるだろうな。その四人は、たまたま僕が非常にかわいがってもらった人です。四人とも最高の崇拝者なんだよ、湛山の。

佐高　その人たちを通じて、秀征さんは湛山を二次体験したわけですね。

田中　そういうことだね。でも、その人たちが湛山のところへお見舞いに行く時、君も来るかと言ってくれたんだけど、結局、行かなかった。

佐高　なぜですか？

田中　当選してから会いに行こうと思っていたから断ったんだ。当選すると思ってたし。

だけど、当選するまで一〇年もかかってしまった。

佐高　誰かと一緒にではなく、田中秀征として会いたいと。

田中　いや、そういうことでもないんだが、一応、当選してから行くのが礼儀じゃないかとね。この間も、日暮里へ墓参りに行ったんだけど、その時も、お墓に向かって……。

佐高　あの時はすみませんって？

田中　別にそういうわけでもないけど、駅降りてすぐだよ。今度一緒に行ってもいいよ、日蓮宗の墓。

佐高　私、以前雑誌で「お墓紀行」というのを連載したことがあって、そこへ行きましたよ。写真入りで紹介しました。二〇二三年は湛山没後五〇年でしたね。

では、湛山を愛した四人の政治家たち、まずは石田博英（一九一四年一二月一二日〜一九九三年一〇月一四日。衆議院議員一四期、石橋政権で官房長官を務める）からいきます

石田博英
写真 共同通信社／ユニフォトプレス

か。
湛山とは深過ぎるほど深い、湛山を担いで総理に押し上げた人ですね。一九五六年の自民党総裁選で湛山陣営を仕切った戦略家であり、相手側を切り崩した実行部隊長でもあった。岸信介、湛山、石井光次郎《みつじろう》の三人が出馬。第一回投票で二位につけて、石井との二、三位連合で勝ち抜いた。これは今も語り伝えられる名勝負でした。
田中　佐藤栄作内閣の頃だったけど、政治評論家・藤原弘達が僕に、総裁選後の石田は腑《ふ》抜《ぬ》けになってしまったと言ったのを覚えているよ。要は石橋湛山にすべてを使い果たしてしまった、あれくらい一人の総理を生むのに自分の力を出し切った人はいないともね。
佐高　石田さんは歯が全部入れ歯になったという話もありますね。湛山を総理にする時に全部抜けてしまったとか。
田中　四〇そこそこで総入れ歯にね。石田からすると、極上のみこしを担いだので、普通のみこしは担げなくなっちゃったと、そう言っていたな。
佐高　でも、極上のみこしを担いで苦労した割には報われなかったですよね。湛山が病気で首相退陣後、岸信介政権にそのまま官房長官で残ったために、「二君にまみえた」とか、「裏切った」、果ては「総理への野心があったからだ」など、散々なことを言われて。

田中　あの人が、自分で総理になろうと思ったとは考えられない。僕の見るところ、総理という座についても、それに必要なものを全部持っている、という人でもあったけどね。

佐高　もともと中外商業新報（現・日本経済新聞）の記者ですよね。

田中　記者として湛山に惚《ほ》れたんだね。湛山の演説を聞かなかったら、石田さんはたぶん政治家になる気は全然なかった人だった。政界に出たのは、湛山を総理にするためと言ってよいでしょう。政界に出てからも、湛山が公職追放になっても、ずっと一人で湛山の元に通った。追放四年だから短いものではない。湛山周辺に次第に集まる人が少なくなっても、独り湛山を支え続けた。引退後の病床にもよく見舞いに行っていた。

佐高　湛山政権ができる前も、できた後も、湛山一筋でやってきた人ですよね。ご本人は官房長官として居残ることが、岸政権の中に湛山カラーを残す方途だと思っていたのでしょう。ただ、いかんせん、そのポストは首相の女房役だ。やはり、首相に殉じるべきだという声の方が強かった。

田中　あの時の反省というのがあって、池田勇人内閣から佐藤栄作内閣に移る時には、官房長官だった鈴木善幸さんだけがやめて、他のメンツはそのままで佐藤が引き継ぐ、という人事があった。

佐高　鈴木善幸は池田政権に殉じたわけですね。

田中　石田先生は僕に対しては、自分が岸内閣に残ったことが、岸から見れば、石橋先生が監視していると見えるかもしれない、とは言っていた。

佐高　監視してる？

田中　まさに分身みたいな感じだったからね。

佐高　湛山と石田さんの共通点は？

田中　二人とも自由主義者だけど、社会主義者や共産主義者に理解を持っていた。だから容共とかスパイとか言われることもあった。本来、自由主義者とは、そういうものだよ。

石田さんが面白いことを言っていた。どっちの社会がいいかは、両方の国の人たちが互いに相手国をバス旅行すればいい。そうすれば、たちどころに勝負がついてしまう、とね。自由主義が負けるわけがなく、共産主義と仲良くしても、それに染められることはあり得ない。むしろ向こうがこっちを見て学ぶところが多いだろうと。ここは共通点だった。

佐高　井出一太郎（一九一二年一月四日〜一九九六年六月二日。三木武夫内閣の官房長官を務めた他、農相、郵政相を歴任、衆議院議員は一六期）さんはどうでしたか。

田中　井出さんは、地方の名望家出身で少し毛色が違うけど、四人の中でも湛山崇敬においては引けを取らない人だった。

井出家は元禄《げんろく》時代から続いた古い造り酒屋で、信州の佐久という自由で文化的な土地の中でも指導的な家柄だった。中江兆民（自由民権運動の理論的指導者であり、フランスの啓蒙《けいもう》思想家ジャン＝ジャック・ルソーを日本に紹介した思想家）が逗留《とうりゅう》したこともあったというから、湛山を受け入れる素地そのものがあった。湛山内閣では農相に入った。なりたいなんて言わない人だけど、湛山もそのへんはしっかりわかっていたんだね。

井出一太郎
写真　共同通信社／ユニフォトプレス

佐高　風格のある人でしたね。
田中　湛山の思想を一番きちんと自覚して継いでいるのが宮澤さんだとすれば、湛山の最も奥深い心みたいなものは、井出一太郎さんが継いでいるという感じがする。湛山のところには足しげくお見舞いに行っていた。
佐高　宇都宮徳馬（一九〇六年九月二四日～二〇〇〇年七月一日。ミノファーゲン製薬創設

宇都宮徳馬
写真 共同通信社／ユニフォトプレス

者。月刊誌『軍縮問題資料』創刊者。参議院議員二期、衆議院議員一〇期務める。日中友好協会会長・名誉会長）さんはどうですか。

田中　湛山の話は宇都宮さんからもよく聞いた。何といっても湛山を見舞いに行く回数は、宇都宮さんが一位だったんじゃないかな。湛山が語った片言隻句を僕に話してくれた。「岸君は感心しないね」と言ったとか。

佐高　宇都宮さんという人は面白い経歴ですよね。旧制水戸高時代からマルクス主義に傾倒、河上肇《かわかみはじめ》に師事し、論文が不敬罪に問われ、京大を退学しています。その後、日本共産党に入党するも、一九三〇年に治安維持法違反で逮捕され、約一年にわたって獄中生活を送った。要するに左翼ですよね。

田中　バリバリの左翼だった。だからか、僕に「左翼だった人は深い傷を持っているから励ましてやりなさい」と言ったことがある。自分もそうだったんだなと思った。

佐高　そういう反骨の政治家の系統というのは、今、誰にも引き継がれていないわけです、困ったことに。

田中　僕は当時、宇都宮先生のことを「タカの心臓を持つハト」と言っていたけど、こういう政治家は今はもう出ない。あの人一人でタカ派の連中は黙っちゃうものね。

佐高　武闘派だったし。

田中　武闘派といえば、湛山と宇都宮さんだ。しかも単騎出陣を厭わない武闘派。宮澤さんと井出さんはそういうタイプではなかった。

佐高　四人の中で、石田さんと宮澤さんを結ぶ共通の思想がありましたよね。

田中　当時「ニューライト」と言われるものだった。何がニューだったかと言うと、目を雇用者に向けたことだ。「政党の目を雇用者に向けろ、そこに新しい支持層がいる」と。今までは農民とか、個人事業主が担いでいた自民党に対してね。「経済は国民生活のためにある」という湛山の信念は特にこの二人が強く継承している。

佐高　雇用者とは、サラリーマンということ？

田中　今思うと、そんなこと当たり前じゃないかと言われるかもしれないが、当時の保守政治家としては新しい着眼だった。石田さんと宮澤さんはそこに気が付いた。池田勇人政権の所得倍増政策は、そこから出てくる。

佐高　それまでは六〇年安保や三井争議に象徴されるように、総資本と総労働の闘いと言われてきた。

田中　総資本は自民党、総労働は社会党が代表していたが、そういう対決的二分類ではなく、総労働の中の雇用者、サラリーマンという存在に着目し、成長の中での果実の分配をどうするか、という総資本にとっても総労働にとってもプラスになる、融和的な関係作りがそこから始まってくる。

佐高　体制内改革ですね。

田中　革新陣営はある意味、成長体制というものに、うまい形で取り込まれていく。ニューライトの政治家として、そういう流れに一つの方向性を与えたのが宮澤さんであり、石田さんだった。

佐高　石田さんは労働大臣をやるでしょう？　あれはまさに総資本と総労働のまっただ中ですよね。

田中　だから、自民党内閣は必ずしも総資本の側にありませんよ、という姿勢を示した点で、石田さんは非常に大きな役割を戦後史の中では果たしたよね。それが「石田労政」と言われた。労働大臣も四回やってるし。

佐高　そうすると、その石田、宮澤というのは、ある意味で湛山が考えなかったことを考えたと言ってもいいですよね。

田中　そこに焦点を当てて湛山思想をより深く、より大きく展開したということだ。

中でも別格は宮澤喜一

佐高　それでも湛山信奉者四人のうちで、宮澤喜一（一九一九年一〇月八日～二〇〇七年六月二八日。官房長官、通産相、蔵相、外相などを歴任し、第七八代内閣総理大臣。衆議院議員一二期、参議院議員二期）という人は別格扱いですね。

田中　一番、湛山の思想を理解して尊敬していたのは宮澤さんかもしれない。湛山と最初に深く関わったのも宮澤さんだった。

佐高　宮澤さんとは、私も湛山経由でちょっとしたお付き合いがありました。私が『良日本主義の政治家―いま、なぜ石橋湛山か』（東洋経済新報社、一九九四年）という湛山伝を書いた時、朝日新聞の若宮啓文が、それを宮澤さんに送ってくれと言うから送ったら、流れるような達筆で礼状が来た。その後、招待され、話す機会を得ました。秀征さんは宮澤さ

宮澤喜一　写真 ユニフォトプレス

んと、湛山の話はしょっちゅうしてたんですか。

田中　僕は日曜日に呼び出されることもよくあったね。事務所で二人きりだった。秘書の女性が一人来てコーヒー作っていくだけだったが、その秘書が、「宮澤先生が話す量が、普段の時と全然違う」と言ってくれた。たぶん、裃《かみしも》を脱いで本当にお互い言いたいことを言い合っていたんだと思うね。

佐高　なるほど。

田中　湛山生誕一二〇周年の時に、『週刊東洋経済』で三回連載の対談をした。その時にびっくりしたのが、湛山の本がテーブルの上に六冊くらい積み上がっていたこと。その一番上に僕が書いた本が置いてあってね。「そんなにたくさん（湛山本が）あるんですね」と言ったら、「いや、君と話をするというんだから、もう一度、読んどかなきゃいけないと思ってね」と言ってた。そのぐらい一つ一つの対談みたいなことまで大事にする人よ。あ

なたのいつもの仕事ぶりを振り返ると、反省するでしょ？（笑）

佐高　全くもう（笑）。宮澤さんと湛山との出会いは、大蔵省の役人時代ですよね。湛山蔵相のお供として、ＧＨＱとやり合う場面からのお付き合いですからね。

田中　宮澤さんはＧＨＱとの交渉に、通訳を兼ねてついていって、本当にそれはもう感動したらしいわ。通訳することがはばかられるくらい強気なことを、ＧＨＱ相手に言っていたらしい。あたかも勝者であるようだったとか。宮澤さんが二六歳の頃ですよ。

佐高　国家間では明確な敗者であるにもかかわらずね。

田中　吉田は、日本は負けたんだと言っていたけど。

佐高　敗者の外交ですね。

田中　ところが、湛山はどこかに勝者、勝っている人間の一員だという思いがあった。

佐高　自分が負けたとは思ってない。

田中　うん。錯覚があるんだよ。軍部や旧体制と戦って勝ったという。

佐高　なるほどね。それは認識の違いだ。

田中　僕は宮澤さんにも終戦について話を聞いたんだ。宮澤さんはこう言っていた。「（戦争が終わって）本当に明るい日が差した。その時に自由と平和と豊かさを求める時代になればいいと思った」と。宮澤さんもうんと前向きだった。

佐高　湛山と一緒だった。

田中　どんな時代かと言うと、農家だって作物を作ってもみんな占領軍に持っていかれて食べられちゃうから、農業するのも嫌になった、という時代だよ。そういう中で、この状況を前向きに受け止めることがどんなに大事なことか。僕は、石田博英さんにも、終戦をどう受け止めたかって聞いているんだけど、彼も明るい感じというか。そりゃ負けたんだから、おおっぴらにはできない感じはあったけど。しかし、気持ちの中で終戦を前向きに捉えた典型的な人といえば、湛山と宮澤さんだろうね。

佐高　城山三郎さんも、終戦の日の印象をこう言ってましたね。「空がこんなに高いもんだったかって思った」と。つまり、空を見上げたことがなかったんですね、戦争中は。

田中　宮澤さんもそういう印象だったよ。明るいっていう感じだったって。

佐高　秀征さんはよく宮澤さんのことを、官僚から政治家になったのではなく、もともと政治家だったと言いますよね。

田中　大平正芳とか佐藤栄作とか、それぞれに時代を画した政治家ではあるが、僕から見ると一緒。まずは官僚になって、その後に政治的な思想に目覚めたという人たちだ。僕はこれを宮澤さんに直接言ったことがあるけど、「官僚から政治家になった人は大勢いるが、その中で二人だけ、官僚になる前から政治家だったのがいる。それは岸と宮澤だ」と。

佐高　岸と宮澤さんが一緒とはね。

田中　この二人は、いわゆる官僚上がりの政治家たちとは違うんだって言ったんだよ。宮澤さんに対してはこう言った。「あなたは、池田勇人通産相が不信任で辞任した日に秘書官だけやめればいいのに、大蔵省の役人までやめちゃいましたよね。例の『五人や一〇人が自殺しても』という失言の時だったけど、失言した大臣ともども秘書官が一緒に責任取ってやめるなんてのは、紛れもなく政治家の身の処し方だ」と本人に言ったんだよ。そうしたら「ほう」と言っていたな。

佐高　自分でそこまでは思っていなかったんですね。

田中　僕に言わせると、そんなこと思ってる必要はないんだよ、政治家の身の処し方とか、自分にも責任ある、とかね。

佐高　でも、あの時は大平と宮澤さん、両方とも秘書官だったんですよね、確か。

田中　そう。

佐高　大平はどうしたんですか。

田中　大平さんはやめなかったんじゃないかな。僕は大平さんには昔からそんなに関心はなかった。大平さんは宮澤さんについて「かなわない」と言っていた。宮澤さんは戦前、学生時代から確固とした自由主義者。すなわち官僚の前から政治家だったからだろう。

「寛容と忍耐」の名付け役

佐高　池田勇人内閣には、「寛容と忍耐」というコピーがありました。岸時代の暗いイメージを払拭する、ある意味すごい対句でしたが、寛容という言葉をくっ付けたのは、宮澤さんでしたね。

田中　そうね。J・S・ミルから来ていると聞いた。忍耐は大平さんが付けたかな。

佐高　先ほども少し触れましたが、『週刊東洋経済』（二〇〇四年八月二八日号）で、秀征さんが宮澤さんと湛山について対談したことがありました。その中で宮澤さんがこういう言い方をされています。

「池田さんと大平正芳さんと私の3人で話をしていたとき、大平さんが池田さんに『おやじさん、これからどうしたって辛抱してやらなきゃ、しようがないですよね』と言ったら、池田さんが『そうだな』なんて言っていた。そこで私が『忍耐というのは確かに大事だが、僕はジョン・スチュアート・ミルを学生のときによく読んで、この中に〝寛容〟という言葉が何度も出てくる。何だったら〝寛容と忍耐〟という対句にしたらどうかな』と言い出した」と言うんですね。

田中　大事なとこだよ、それ。

佐高　さっきの「宮澤喜一政治家論」に関連しますが、かつて城山三郎さんが、『賢人たちの世』（文藝春秋、一九九〇年）という本で、前尾繁三郎、灘尾《なだお》弘吉《ひろきち》、椎名《しいな》悦三郎の三賢人について書いたことがあったんですが、この三人とも全員官僚出身なんですよ。私は官僚には惹《ひ》かれないんです。別に城山さんと私を比較したら城山さんに申し訳ないけど、その時、私は『正言は反のごとし―二人の謙三《けんぞう》』（時事通信社、一九九一年）という本を書いてたんですよ。松村謙三と河野《こうの》謙三。ガチガチの党人派です。城山さんと私の違いというのはそういうところなんだなと。

城山さんは官僚出身でも知性、人格的に優れた政治家ならば評価するけど、私はどうしても、その出自である官僚臭が鼻についてしまう。秀征さんの言う「官僚から政治家になった人」と「もともと政治家だった人」は違うんだという解説は、私にはよくわかります。

田中　官僚、例えば大平さんの場合でもそうだけど、立派な構想を出しているんだが、結局、作っているのは官僚なんだよ。一方、宮澤さんは、僕みたいな人間を本気で相手にする。僕なんか、そのへんに転がってる石だよ。

佐高　原石ね、原石。

田中　宮澤さんの場合は、官僚の限界みたいなことを知り尽くしているんだろうな。

佐高　形式的で柔軟性に欠け、権威主義、秘密主義であり、どうしても前例踏襲型になってしまう。そういう官僚の特性とは全く無縁のところで政治的感性を磨き上げてきた秀征さんだからこそ、宮澤さんは聞きたいことが多くあったのでしょうね。

そういえば、宮澤さん自身が官僚を超えた発想を世に問うたことを思い出しました。バブル崩壊後のことでした。まだまだ不良債権処理という課題が世の中に認知されていない段階で、宮澤さんは「公的資金投入」ということを言い出した。

田中　一九九二年夏、軽井沢セミナーでの発言だ。「公的援助」という言葉だったな。公的資金投入なんて、あの時は本当に永田町から霞が関から経済界までが猛反対で、宮澤さんは孤立した。「あんた、宮澤さんのそばにいるんだろう、宮澤さん、頭おかしくなったんじゃないか」と僕に言いにきた先輩政治家もいた。

佐高　結局あれは正しかったんですよね、今思えば。

田中　あれは銀行が、公的資金をもらうと自分のところに手を突っ込まれると嫌がっただけだった。経済界は、銀行など助けるのはもってのほかだという態度で、役人もそっちの側に立っていた。宮澤さんは政治家としての判断で孤軍奮闘していたな。

佐高　宮澤さんといえば、李香蘭こと山口淑子《よしこ》さんのエピソードがありますね。

田中　「七回り半事件」だね。宮澤さんがまだ学生の頃だ。一九四一年二月一一日の紀元節の日、その翌日が李香蘭二一歳の誕生日なので、駆け付けたファンたちの長蛇の列ができ、日劇のまわりを七周半回るんだけど、それを当時の朝日、毎日など全部の新聞が不謹慎だと叩いた。前年秋に三国同盟、大政翼賛会結成と時勢は緊迫し、暮れには真珠湾攻撃に至る時だ。

佐高　そんな時期、時節に。

田中　それを東大の教授が「七回り半事件について記せ」と定期試験の問題に出した。それに対して宮澤さんは、「自由を謳歌《おうか》する若者たちの痛快な出来事」と書いたらしいんだ。それに教授は「優」をくれたと。

佐高　よく覚えてますね。

田中　僕はその話が大好きなんだ。

佐高　秀征さんは、李香蘭の一生を描いた劇団四季・浅利慶太脚本の劇も見にいったとか。凄《すさ》まじい人生ですよね。当時の満州国や戦後の香港《ホンコン》などで、李香蘭名で映画、歌などで活躍し、敗戦時には、中国人として祖国を裏切った漢奸《かんかん》の容疑で、中華民国の軍事裁判にかけられました。日本に帰国後も、映画・ショービジネス界で活躍し、一九六九年（昭和四四年）にフジテレビのワイドショー『3時のあなた』の司会者として一世を風靡《ふうび》、七四年から九二年までの一八年間、参議院議員を三期務めるわけですからね。

田中　僕はそのミュージカルを李香蘭本人の案内で見た。本人が隣に座ったから内容に全くうそはない。中国のゲリラだったか、日本の憲兵だったか、とにかく戸外でものすごい音がするから表に出てみたら、ちょうど誰かが殺されるところだったという。彼女は小学校六年の時にそれを見てしまった。そこが原点なんだね。

佐高　彼女が戦後、上海で漢奸容疑で捕まった時は、もう死刑宣告される寸前だったんですよね。

田中　さらに言うと、一九七二年の日中国交回復の際、『3時のあなた』の司会としてフジテレビが李香蘭を現地に派遣。周恩来と角さんが乾杯するところを撮ってるそばで、その情景を見て、泣き崩れちゃったというんだね。日中関係がついにここまで来たって。ようやく戦争が終わったと。後で、怒られたらしいけど、中国の話をする時は涙ぐんでた。李香蘭という人は本当に純な人なんだ。

佐高　宮澤さんと李香蘭も、しょっちゅう会ってたんでしょう?

田中　同学年なんだよ。どのぐらい会っていたかは知らないけど、僕に「私、宮澤派よ」と言うぐらいだから、宮澤さんの考え方を好きだったんだね。李香蘭とは二人で作業をしたこともあるから、湛山を尊敬していると本人からも聞いている。

僕はね、宮澤さんという人は、この湛山のように今後の政治に思想的な影響を与え続けると思う。宮澤さんのように、戦後ずっと権力の中枢にいて役割を果たしてきたという人は、他にいないからね。湛山は思想的な貢献はあるけど、二か月の総理だった。大蔵大臣の時の功績も顕著なものはあるんだけど。宮澤さんはずっとそうだからね。

親湛山政権を意図した村山内閣

佐高　秀征さんは宮澤評価も高いけど、村山富市さんに対しても高いですよね。

田中　僕が特別に立派な総理だと思っているのは、やっぱり湛山と村山さん、宮澤さんだよ。この三人は別格だと思ってる。

佐高　「村山内閣は親湛山内閣である」って、あれたぶん秀征さんが言ったと思いますが、その真意を説明してもらえますか。

田中　そもそも村山さんは、ものすごい湛山びいきなんだよ。

佐高　村山さんが首班指名されたその日に、そういう場面があったそうで。

田中　村山さんが首班指名された日、僕は武村さんと一緒にいて、さきがけ本部の前のスナックで、武村さんの歌を聞かせられていた（笑）。「別れの一本杉」とか。それで、首班指名後に自民、社会、さきがけ三党の党首会談をやるということになってて待機していたんだが、なかなか電話が来なかった。夜、一時過ぎてからか、ようやく電話が来て、武村さんと一緒に行ったら、会場の衆議院常任委員長室には、メディアのライトが煌々《こうこう》とついていた。僕が入ったら、村山さんが来い来いと手で合図するから陰の方で話した。重要なことが二つぐらいあった。一つは僕の人事のことで、細川政権時代と同じことをやってくれと言うんだよ。

佐高　特別補佐？　それでどう応えたんですか？

田中　それが複雑な思いにかられたわけ。というのも、ご承知のように僕は宮澤さんと近かったけど、結果的に宮澤政権の後に細川政権を作り、細川に近いところで（特別補佐として）仕事したでしょう。そして今度は村山さんを担いで、細川さんを見放した形になってしまった。となると、僕が密着した人が退陣に追い込まれていく、という変なジンクスみたいなのができちゃって。だから、やめておいた方がいいと言ったんだ。それに武村さんが入閣だから「さきがけ」の先行きが心配だった。

村山富市　写真 ユニフォトプレス

佐高　なるほど。

田中　ダメだと言ったら、各党それぞれ一人ずつ計三人の補佐を置くから、そのまとめ役になって欲しいという。僕はそれも断った。中途半端になるからと。それで結局は、さきがけが弁護士の錦織《にしこおり》淳《あつし》、社会党が後に豊橋市長をやった早川勝、そして自民党が中川秀直の三人体制になった。

佐高　その線でＯＫしたわけですね。で、二つ目は？

田中　「内閣の性格付けをどうするか」、どういう理念、政策を実現する連立政権なのか、という大事なことを、自社さの党首三人、つまり河野洋平、村山富市、武村正義でとことん話して国民が納得できる方向を打ち出したいと。この時、政治家としての村山さんの高い資質を感じた。ところが、それがはかどらない。三党首会談の隣の部屋では、僕と久保亘《わたる》（社会党書記長）と森喜朗（自民党幹事長）の三人が人事の話をした。三党首会談も実務的な話が先行して、理念みたいな話になかなか入れなかったらしい。

佐高　落ち着いて話ができる感じじゃなかった？

田中　僕は、とにかくそれ（理念）だけは徹夜してでもやってくれ、と村山さんにはお願いした。何よりも三党首の共通項として、石橋湛山を尊敬しているということがあったので、それを会談の成果として打ち出してくれとも言った。だが、会談が終わった後に「どうなりました？」と村山さんに聞いたら、その話に二人とも乗ってこなかった、という。

佐高　河野洋平も武村正義も？

田中　二人ともね。あれ恐らく、村山さんの中では、残念至極であったと思う。だって一番肝心なことだから。その後の政権運営の軸となることでしょう。

佐高　秀征さんとしては、どういう性格付けをしたかったんですか。

田中　少なくとも、政治姿勢、憲法観、歴史認識ではこの三人は合致できるはず。それを確認してほしかった。それを評して僕は「第二次石橋湛山内閣」だと言いたかった。

佐高　何でそうならなかったんですかね。

田中　そんな話になる前に、人事の話になっちゃったらしい。その前に政権の性格付けで合意していれば、ものすごい太い背骨が入っていたんだけどね。村山さんは残念がっていた。

佐高　そのへんの時間差はわからないですが、私の『良日本主義の政治家』という本は、村山内閣は親湛山内閣という帯なんですよ。

田中　今の話は組閣前夜の話だから、それはかなり後ですよ。村山さん、その後、鬼怒川《きぬがわ》に静養に行って、その本を読んできたらしいんだよ。で、僕と会った時の第一声が、「あれは湛山の本だが、実態は秀征さんの本だな」てね。

佐高　湛山と田中秀征をダブらせて書いたわけだから。村山さんはちゃんと読み解いていた、ということですね。

田中　四冊持って静養に行ったけど、読んだのはその本だけだったと。あれ、あなたが

『週刊東洋経済』に連載したのをまとめた本だったね。初回から僕のことが出てくるからびっくりしたよ。

佐高　湛山と言っても、私には手がかりがないわけですよ。そういえば秀征さんが湛山について語っていた。そこから始めるしかなかったんですね。ところで話を戻すと、せっかく親湛山政権でスタートしようとした矢先、人事の話になってしまったと？

田中　さっきも言ったけど、三党首会談の隣の部屋では、僕ら三人が人事の実務協議に入っていた。久保さんが「うちから総理を出してるから、官房長官はうちから出したい。その代わり、外相と蔵相は自民とさきがけさんで分けてくれ」とね。僕は即座に大蔵をもらうと言った。そうしたら森さんが、「えー、大蔵大臣？」とね。

佐高　人事の話になると理念どころではなくなるでしょうね。でもなぜ、さきがけは蔵相ポストにこだわったんですか？

田中　三党首会談とは別室の会談で、小党の党首が外相ポストを取って四六時中、空の上を飛んでばかりいるようでは党が持たない、だから勘弁してくれと僕が言ったんだ。

佐高　蔵相ポストをさきがけに取られて、自民党もそれでよしとしたんですか。

田中　一九五五年の保守合同以来、自民党があれほどつつましい存在だったことはないね。

村山談話は歴史的功績

佐高　秀征さんは、村山さんのどの点を評価されているんですか？

田中　村山さんという人は、人格的にはトップの人だと思うよ。あんまり人に話してはいけないんだろうけど、一九九五年の阪神・淡路大震災の時に何かで呼ばれて行ったら、村山さんが目を真っ赤にしていた。そういうことで泣ける総理は信用できるなと思ったな。

佐高　それは、災害で被災された人に対して。

田中　そう。村山さんは説明しないけど。

佐高　あの時、責められたじゃないですか。自衛隊の派遣が遅れたと。

田中　「五〇〇〇人も死なせちゃった」とぽつりと言うから、「自然災害でしょう」と返したら、「いや、こういう立場にあると、自分の責任を感じるんだ」と言っていた。これを聞いた瞬間、すごい総理だと思った。こういう時は総理としての芯がないとダメだ。村山さんにはそれがあると思った。国民の生命と財産を守り抜く最後の砦《とりで》だという、政治家としての基本姿勢があるか、ないかだ。

佐高　非常時にはそれが問われますね。

田中　僕は、人格的にいうと、湛山と一番似ているのは村山さんだと思う。人当たりは、湛山が硬軟の硬の方だったら、村山さんは軟の方だけど、本当によく似てると思う。奉仕の精神というか、そういうものの塊だから。政策的に考えると、また違うんだけれども。

佐高　奉仕の精神では似ているけど、政策面では違った形で表れた？

田中　湛山は経済の専門家だから、戦後は国民生活の前に経済の復興を考えた。それは国民生活のためにそうしたんだけど、当時、国民生活を優先する人間はデモをやって……。

佐高　米をよこせと。

田中　そう。社会党、共産党など、いわゆる革新政党はそうだった。一度、村山さんに夜中に公邸に呼び出されて、経済政策論になったことがあった。雇用政策だね。僕は雇用には、雇用維持政策と雇用創出政策の二種類があると言った。雇用維持政策は金がかかるし、それだけだと、分配だけに専念するような政党になってしまう。

佐高　確かに。

田中　一方、雇用創出政策をやると、職にあぶれた人を吸収できると。

佐高　要するに成長政策ですね。

田中　だから、もう少し雇用創出政策の方に転換しなければダメだと話したら、「いやあ、あなたの言うこと、俺よくわかるんだ。けど、俺、昔からずっと組合運動やってきてるから、どうしてもな」と、衰退産業の人たちの雇用維持をしなきゃいけないと言うわけ。

佐高　湛山と村山さんの共通点、私も発見しました。細かい話かもしれませんが、女性への対応なんです。湛山の娘さんの歌子さんを取材したことがあるんです。その時に、「父からは、女のくせにと言われたことは一度もありません」と言ってたんですよ。あくまでも男女同権、という湛山のリベラルな女性観というのが、すごく印象に残りました。村山さんも奥さんに対して威圧的な態度を取ったことがない人ですよ。

田中　女性を尊重している?

佐高　面白いほどですね。奥さんが確か食堂を経営していて、朝四時頃に出ていくそうです。それで、村山さんが総理になっても仕事をしている。ファーストレディーがね。しかも、奥さんは、本当かどうかは知らないけど、一回も村山さんに投票したことないと。半分冗談で、ある時期からはしたんだと思いますが、でもそういうことを言うわけです。

田中　清廉潔白な人でもあったね。

佐高　飛行機も、いつもエコノミーで移動するんですね。党の方にお金がないからと言って、飛行機とホテルが一緒になったセットの切符を買うそうです。
田中　元首相がね。
佐高　元首相がエコノミーに座っているので、ある時、CAさんが「村山先生ですよね。私、尊敬します」と言ったというんです。村山さんに言わせると、「こっちの方が気楽でいいんだよ」と。全くてらいがないんです。
田中　いかにも、というエピソードだね。
佐高　だから、倒産しても大店《おおだな》の底って言うでしょう。大店の底には、それなりの財産が眠ってるという意味ですが、倒産しても、社会党という一応の大店の底には、村山さんみたいな人材が眠ってたんですね。
田中　確かに。
佐高　湛山と村山さんは、ガチッと決意した時に揺るがない姿勢という点では共通してますね。
田中　長年政治家をウォッチしてきた官邸の役人の中に、村山さんについて、宮澤さんに匹敵するぐらいの頭脳を持ってる、と言う人がいた。
佐高　自社さ政権発足時に戻りますが、村山さんを首相に担ごうというのは誰が言い出し

新党さきがけの結党記者会見　写真 共同通信社／ユニフォトプレス

たんですか？

田中　言い出しっぺは、僕だと思う。

佐高　ひと目でこの人だと思ったわけですか。

田中　いや、まずは三党連立の中で、どこの党から首相を出すかだ。自民党は何がなんでも、どんな形でもいいから政権に戻りたいと思ってる。細川非自民連立政権の一年で、野党暮らしのわびしさを骨身にしみて感じていたからね。だから何一つ自民党の言い分を聞く必要はない、と僕は思ったわけだ。社会党は、社会党から首相を出すんだから……。

佐高　文句のつけようがない？

田中　そう。さきがけは、湛山を村山さん

に重ねている僕がいる。自社さ連立では、さきがけが政局の主導権を握っており、僕らが村山さんで行くと意思表示したら、一気に流れができたというのが真相だ。当時のさきがけは少数だが、さきがけが抜けると自社さは過半数を割る、絶妙の状態だった。

佐高　村山さん自身は、どの段階で覚悟を決めたんでしょうね。秀征さんが最初に村山首班を打ち出した時には、村山さん本人から「バカにしているのか」という電話があったのでしょう。

田中　そう。翌朝早くね。電話で怒鳴られた。その時は「他に人はいない。一生懸命手伝うから」と説得したけど、本人はまだ納得しきれていない感じだった。後で「本当のところ、いつ（首相を）やる気になったんですか」と聞いたら、「首班指名された時からだ」と言っていたね。

佐高　やはり、それほどの決断だったんですね。そして、村山政権ができた。村山さんは従来の社会党の路線を180度転換する決断を次々に下していきます。そのあたりのところでは、秀征さんに相談はなかったんですか？

田中　これはその前の話だけど、久保さんと二人して、日の丸と君が代のことで僕のところに来たことがあった。「認めようと思うが、最後にあんたの話聞こうと思って来た」と言う。僕が「国旗というのは、誇らしい時代を思い起こすと同時に、反省すべき時代も思い出せるものである方がいい」と言ったら、いい話を聞かせてもらったと。その後すぐに日の丸、君が代を認めた。大した人だと思ったね。社会党などが認めてくれれば、日の丸は日本国民全部の国旗になるとも言った。

佐高　自社さ連立でなければできないこともしましたよね。戦後五〇年の節目に、アジアへの侵略や植民地支配について公式に謝罪する村山談話を閣議決定しました。

田中　僕の当時の言い方だと、五五年体制の切り株を片付けるというのが村山政権の前期の仕事だ、となる。

佐高　新たな樹木になる前に抜根して、別の新しい樹木を植えようということですね。

田中　村山談話については後で話すけど、他にも慰安婦に対して民間が見舞金を支給する「女性のためのアジア平和国民基金」の設立とか、水俣病未認定患者の救済、被爆者援護法の制定など、自民党一党支配ではできなかったこともやったね。確か、一〇〇を超える法案を全部通したと記憶している。

佐高　連立だから通りますよね？

田中　一九九五年の年が明けて、僕に来てくれと言うんで行ったら、懸案処理が一段落して連立政権として今後どういう仕事をしたらいいか、という話になった。では、首相を中心にした勉強会を作ろうということになり、メンバーのリストアップまでした。その翌日に起きたのが大震災。一月一七日の朝だ。

佐高　阪神・淡路大震災だ。

田中　そして震災対策の目途がある程度たった時に起きたのが地下鉄サリン事件だった。

佐高　大変な年でしたね。

田中　災厄、大事件が立て続けに起き、今度は七月の参院選で、村山さん率いる社会党が過去最低の一六議席に沈んだ。

佐高　円高が一ドル八〇円台までいった。

田中　あの地震とサリンでクタクタになったね。

佐高　それで村山さんも、さすがにやめたくなっちゃったんですね。

田中　その時に村山さんが言ったのは、「自民党のすごさというものがわかった」だった。「やっぱり危機にのぞむ対応が、自民党はすごい」と。

佐高　あの時、小里《おざと》貞利さんを震災対策担当相に任命し、復興対策に当たらせましたね。

田中　小里さんにとにかく全部任せる、と。

佐高　責任は全部自分が取ると言ってね。それが奏功しました。

田中　被災者の支援として一六本の法律を改正・制定し、被災者に対する税負担の軽減などを図った。やはり、この地震対策に相当、政権のエネルギーを使わざるを得なかった。

佐高　もし大地震が起きなかったら、どうなっていた？

田中　その勉強会を発足させ、将来の構図みたいなものを作っていこうと思っていた。その構想が、政界の大きな再編につながると期待した。そのために村山政権だって作ったんだからね。それを僕も楽しみにしていたんだが。

佐高　村山さんも、阪神・淡路大震災があって、サリンがあって、いろいろあって、本当はもっと続けてほしかったけど退陣したという意味では、湛山と似てますね。

田中　いや、まさしくそうだ。もう全然、計画が狂ってしまった。

佐高　退陣を惜しまれる人って、あんまりいませんからね。

田中　村山さんも今考えると、当時七〇歳。僕が今八三歳だから、少なくともその年までやってたとしても、十何年もできた。

佐高　今振り返って、この村山政権の歴史的意義のようなものを話してください。

田中　村山政権はほんの一年半くらいのものだったけど、果たした役割は実に大きかったね。何と言っても、戦後五〇年の節目で内外に向けて「村山談話」を発出した意義は絶大だった。談話の要点は、僕が読んで五つある。まずは、先の戦争について『侵略戦争』、台湾、朝鮮半島について『植民地支配』をしたことを明記し、それについての『お詫び』と『反省』を盛り込んだこと。これは一〇年後の「小泉談話」、二〇年後の「安倍談話」でもきちんと踏襲されている。ただ、村山談話での『国策の誤り』という重要な部分は、その後の談話では継承されていない。

佐高　この村山談話に秀征さんは関与したんですか。

田中　いや、これは三党のプロジェクトチームが練り上げたものだった。自民党では加藤紘一さんなどが取り組んだ。たまたま、中華料理店で会合の後に、村山さんと二人きりになったとき、そこに秘書官が三党の談話の最終案を持ってきた。そのとき僕は読んだけど、手を入れなかった。村山さんの考え通りの談話案で、満足気に読んでいたね。

佐高　対立してきた自民党と社会党の歴史的な歩み寄りですね。

田中　冷戦終結の数年後、世界の大きな政治的うねりの一環と言えるだろうね。阪神・淡路大震災などで数か月間、寝る間もない日々を過ごした村山さんも、談話発表が近づくと精気を取り戻していた。この村山談話の歴史認識は、小泉・安倍談話でも受け継がれたので、日本国の正式の歴史認識になったと言える。もしこれがなかったら、現在の無法国の侵略行為を批判したり、それに立ち向かったりすることができなかった。この談話は、自民と社会両党が支えた政権だからできた。その後、村山さんに聞いても、この談話を出せたことに誇りを感じていたようだった。

佐高　たまたま自社さ政権ができてよかったですね。

田中　実は最初に村山首相を考えたとき、僕はそれを意識していた。談話にいたる突破口を開いたのが細川首相の発言で、それがなければ村山談話の発出は難しかっただろうな。

佐高　それはどういうことですか。

田中　八九年末に冷戦が終結し、棚上げになっていた第二次大戦の責任論がいよいよ問われることになった。国際社会から追い詰められる前に、こちらから自らの責任を明確にしなければならないと。これは九二年八月の細川さんとの盟約時に合意したことだった。

佐高　細川さんは首相就任直後の記者会見で「侵略戦争に対する反省とお詫び」を述べましたね。

田中　それまでは侵略的行為などとぼんやりした表現だった。その記者会見後には細川さんはもちろん、僕にも大量の賛否両論の意見が寄せられた。この明確な歴史認識がなければば、ウクライナを侵略したロシアを責められないし、中国の台湾に対する武力統一に立ちはだかることもできない。村山談話の歴史的意義はかけがえのないものだったと思うね。

中村哲こそ湛山の後継者

佐高　秀征さん、中村哲（一九四六年九月一五日～二〇一九年一二月四日。日本の脳神経内科医。アフガニスタンで医療活動、灌漑《かんがい》事業などを指導。ペシャワール会現地代表）という人はどういうふうに見ていますか？

田中　僕はあの人、尊敬してるよ。この次に生まれてくる時にはこんな人になりたい、という人の一人だね。

佐高　会ったことありますか。

田中　ないけど、この間、わざわざ北九州にある哲さんの資料館に行ってきた。

佐高　私は一回だけ対談したんですけれども。何か重々しさが感じられない人っていいですよね。偉そうにすることが全然ない感じの人でした。私より一つ下だから、全共闘世代ですが、恩師をつるし上げるようなことには私は耐えられなかった、と言ってました。医者なんですよね、九大の医学部。顔つきがちょっと魯迅《ろじん》に似てるんですよ。魯迅に似てると、いきなり私がそう言ったら、喜んでました。

田中　あの人は立派だよ。誇りだよ、ああいう人は。

佐高　ある種、楽天的かもしれませんが、中村哲さんは軍備でなく平和をつくるという日本国憲法を実行した。その方向をもっと組織的、国家的に考えられないのかと思いますね。一人間の努力じゃなくて。

田中　それはあるかもしれないな。

佐高　だから、そういう意味でも、私は中村哲さんは湛山精神を汲む者だと思うんですよ。

田中　ただね、ああいう人の存在って、期待できないものだから、勘定に入れられないんだ。一人でも多くそういう人が出てきて貢献すれば、それはそれで結果的には日本の安全保障にもなるし、世界の安全保障にもつながっていく。しかし、期待はできるけど、やっぱり当てにはできない。

佐高　だから教科書か何かに取り上げて、もっと世の中に知らしめる。こういう生きざまがあるんだと。だから、この前、「中村哲を紙幣の顔に、一万円札にした方がいい」と言ったら、元文部科学事務次官の前川喜平さんが、「早くやらないと、アフガニスタンでやっちゃうかもしれませんよね」と言ってたんです。「本当にその可能性がある」と思いましたよ。だから、最近の私の講演ではこう言ってます。日本の前途は「岸田晋三」を選ぶのか「中村哲」を選ぶのか。二つに一つではないか、とね。岸田文雄政権と言っても、やってることは安倍晋三の受け売りばかりですからね。だから岸田文雄の下半身は安倍晋三ということです。

田中　中村哲さんのような人が首相になればいいね。だけど彼のような立派な人物は、分野が違っても、明治以来数多くいたと思う。彼を政治家にというより、彼のような政治家を押し出さなければね。

第五章　湛山を生きるとは？

——田中秀征の湛山愛

『自民党解体論』の執筆

佐高　さて、湛山を受け継ぐ人たちの系譜を見てきましたが、この章では秀征さんの生き方を振り返る中で、湛山が現代政治にもたらす意味というものを追っていきたい。

秀征さんは常々、湛山であったらどうするか、それを考えながら政治人生を送ってきた、とおっしゃっていた。つまり、秀征流に湛山を生きてきた、というわけですよね。

田中　僕の中で湛山の存在感が年ごとに増してきたのは、一九九〇年代以降だけど、湛山の人格と思想こそ、この時代が緊急に必要としていると思ったね。「今、石橋先生が存命ならどう考え、どう主張するか」と考えるようになったわけだ。

佐高　私と秀征さんが知り合ったのが一九七二年、『ＶＩＳＩＯＮ』という雑誌でした。これは松田義幸や門脇厚司《あつし》という私の郷里の先輩が関わっていた雑誌で、突然教師をやめて何していいかわからない私を放り込んだんですね。その雑誌で秀征さんに原稿を書いてもらった。その時、私は二七歳、秀征さんが三二歳。

田中　懐かしいね。

佐高　松田という人は、鶴岡で加藤紘一と同期で、加藤紘一の最初の後援会報を、私がそこにいた時に編集するわけです。

　秀征さんに書いてもらった原稿を本にした中で、いまだに印象に残るのが『自民党解体論』（田中秀征出版会、一九七四年）です。今振り返っても、すごい本ですね。当時、一世を風靡した「青嵐会《せいらんかい》」の分析から始まり、戦後政治史における自民党の動き、その構造と体質、可能性と限界を、ここまでか！というほどに根源的に解き明かし、若い人たちに向かって、「新人よ、自民党解体の斧《おの》になれ」と訴えたんですからね。

　保守勢力の中にいて、これほど生々しい主張というのはないですよね。空前絶後。この本の最後の方に、五明紀春《ごみょうとしはる》という人が、「本書は『自民党解体論』であって、打倒論ではない。とりようによっては『自民党乗っ取り論』とさえいうことができる」と書いています。五明さんは「秀征命」とまで自称する、長野高校の一年後輩で、女子栄養大学の副学長をした人、田中秀征に一生を捧《ささ》げたような人です。

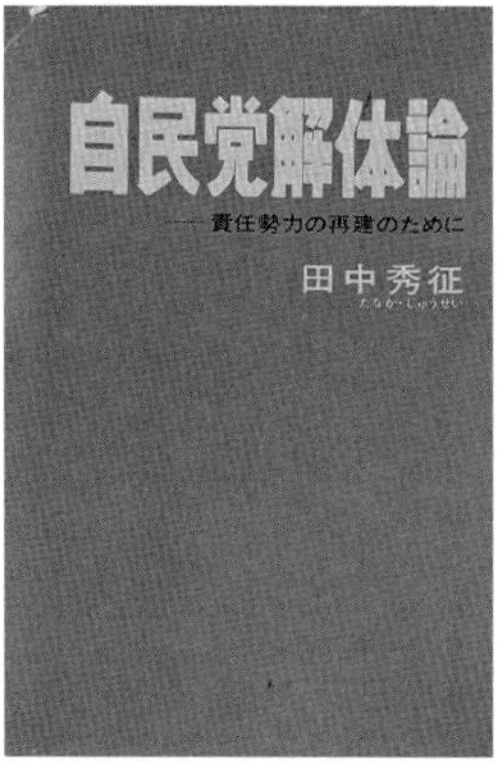

田中秀征氏が50年前に執筆した『自民党解体論』

田中　五明君とも話したんだけど、岸信介ら自民党本流の人々が作り上げた党綱領は、高度成長期には大した意味を持たないが、自民党内で保守本流の護憲勢力が強くなってくると、必ず綱領を盾に使うのが出てくる。解体論は、自民党の一部にある極右腐敗体質を切除すべきと、そういう線で書いたんだ。

僕は自主改憲という言葉がわからず、いずれそれが問題化すると思っていた。結局、最終的には、安倍時代に党是という言葉で出てくるわけだ。

佐高　五〇年前に見通していたと。綱領が大事になることを。

田中　綱領は党の憲法みたいなものだから、いざという時に前面に出てくる。湛山が亡くなったのが一九七三年（昭和四八年）四月だから、出版はその翌年だ。それが二〇二四年になって再刊したんですよ。現在の自民党の状態からぜひ再刊したいという声が出て。

佐高　その頃、私なんか湛山のたの字も知らなかった。秀征さんが、湛山、湛山と言うから……。

田中　『自民党解体論』がネットでは九九〇〇円になってましたよと言われたね。

佐高　今回、旬報社から新装復刻されるまで、幻の本でした。

田中　手仕事の本だよ。有名人で読んだことがあるのは渥美清さんだ。

佐高　何でまた。

田中　いや、渥美清が行ってる喫茶店で、僕がよくその原稿を書いてたの。で、その店主が、本ができ上がって、本屋を回って「置いてくれ。置いてくれ」とやってくれた。その時、渥美さんにも売ったんだ。

佐高　主要部分の三回分を『ＶＩＳＩＯＮ』に連載したわけですよ。上中下。秀征さんが喫茶店で書き、私はその場で一、二時間待たされました。

田中　僕は資料も何も持たないで書くからね。でも、宮澤さんまであの本を読んでいるとは思わなかったな。

佐高　でしょうね。あれほど自民党をえぐった本はないですよ。『自民党解体論』、今でも私はとってある（といって表紙の破れかけたのを取り出す）。

田中　僕のあんな未熟な本を、こうやってぼろぼろになるまで。今ここに、目の前にあるなんて、感動だな。

佐高　みんな貸すとびっくりするんですよ。田原総一朗さんにもこれを貸して、あの時点でこれだけの自民党論があったんだと感動していました。一九七四年一〇月刊ということは、秀征さんがいくつでしたっけ。

田中　書いた時は三三歳だね。母親がこの本を書いている最中に亡くなったから、ちょうど五〇年だな。

佐高　秀征さんに一つ聞きたかったんですが、だいたい六〇年安保世代というのは、ほとんどの人がマルクスや左翼運動の洗礼を受けてますよね。秀征さんはどうだったんですか？

田中　周辺にはいっぱいいたね。若い時に左翼になった人は、真面目じゃなければ……。

佐高　なれませんよね。で、秀征さんは、ならなかった？

田中　僕は違った。ずっと一貫して自民党の湛山だから。魔よけのようなものだね。それでも当時は右翼と言われた。駒場寮の寮委員長になった時は、早稲田で「駒場で右翼革命起こる」とビラが出たそうだ。

佐高　湛山だから、なる必要がなかった？

田中　そう。学生時代も結局、ずっと湛山だった。だけど今考えると、湛山思想をじっくり学んだわけではなかった。

佐高　湛山に守られてたんですね。私もそういえば、マルクスより魯迅だったし。

無所属にこだわった理由

佐高　秀征さんも政治の研究から政治の実践に移る時期がやってきた。一九七二年一二月の衆院選で地元長野一区から初出馬する。田中角栄政権下、無所属でした。

田中　無派閥、無党派で出て宮澤さんを応援したいというのが自分の秘めた気持ちだった。ところが、僕の当選可能性が出てくると、県境を越えて、新潟三区の田中角さんが、自分の派閥に入れようと狙ってるという噂話が出てきた。角さんの住む西山町を訪ねた仲間がいてね、角さんから「君たちの選挙区に一人で苦労してる田中秀征君がいるね。彼を応援してやってくれ」と言われたと言うんだよ。それが僕の選挙区にブワーッと広まってきたわけだ。

佐高　同じ田中だし。

田中　たまたま家紋も同じなんだよ。中央公論の『歴史と人物』とかに載っていた。うちと同じじゃないかって。これは後に真紀子さんにも話したと思うよ。

佐高　一九八三年（昭和五八年）に初当選した時も、角さんが寄ってきたと。

田中　毎日新聞のカメラが議場の傍聴席から追ってたんだね。角さんが立ち上がったからどこへ行くのかと。僕のとこへ来て、「おい、君が田中秀征君か。よく頑張った。期待してるぞ」ってね。その写真が翌朝の毎日新聞に載った。一人だけ挨拶に行かなかったとしたら、意地悪しても当然なのにと、その時、角さんのイメージが一変したね。

佐高　角さんの応援をどう断ったんですか？

田中　断ったわけではない。角さんを断るって本当に大変だから、先に宮澤さんのところに行ってしまおうと、こういう話だね。僕は二〇代の頃から、当選したら宮澤さんと行動をともにしたいと思っていたから、親しくしていた京大の高坂正堯《こうさかまさたか》さんに頼んだら、伊東正義《まさよし》さんを紹介してくれて、それで宮澤さんのところへ連れていってもらった。

佐高　それで宏池会に入れた？

田中　そこで問題があった。宏池会所属になるためには、自民党に入党しなければいけないという。それが嫌でね。それまで自民党に入党しないできたのに、当選の可能性が高くなったら入党しなきゃならないと。でも仕方ない。手続きをした。テレビのテロップで、「田中秀征氏、自民党入党」と出て、そしてしばらく経《た》つと、今度は公認申請だ。周りはみんな僕が公認を取れるように願ってくれるが、僕自身はとにかく無所属で出たくて、公認を取るのは気が進まなくてね。手を上げたのが三人。僕の他は小坂善太郎さんと、倉石忠雄さんの地盤を引き継いだ若林正俊さん。結果的にはこの二人が公認され、県連は僕を公認しないことにした。

佐高　党員にはなったけど、無所属で出たわけですね。

田中　公認を取れないとわかったら、周りはみんながっかりするわけ。中には理解する人もいたんだけどね。

佐高　秀征さんはうれしかった？

田中　自分としては大変な喜びだったね。でも周りを考えると、喜ぶわけにはいかない。しょぼんとしたふりをしていた。一人になってテーブル叩いて喜んだ。後に宮澤さんに言ったら、君らしいねと笑っていたけどね。だけど、当選したら自民党が追加公認をした。

それはともかく、ここからは小選挙区制になってからの話だが、自民党という政党を敵に回すのがどれだけ大変か。例えば、自民党の候補になる。そうすると、天井にまで張り出すぐらいの推薦状が来る。しかも、実動部隊で、選挙で徹底的に戦うのが六個ある。

佐高　六個師団だ。

田中　僕が無所属で出た時、六個師団が全部、僕と敵対した。まずは農協。次が商工会、商工会議所、商工団体。三つ目が公共事業関連の建設、四つ目が特定郵便局。地域の名士で、恐らく五〇組ぐらい永代仲人をするんだよ。五つ目が遺族会ね。長野県のその頃の自民党員を調べたら、二万五〇〇〇〜二万六〇〇〇人のうち、一万五〇〇〇〜一万六〇〇〇人は遺族会なの。そして六つ目が三師会、つまり医師、歯科医師、薬剤師会だ。これが全部自民党の一人の候補を推すんだよ。誰がかなう？　かなわない。そこへプラス、小選挙区には平均すると三万の公明票がある。六団体プラス三万票。

佐高　もう無敵ですね。

田中　そこにプラス世襲票が四万から五万。誰が勝てるんだ？

佐高　秀征さんは小選挙区は経験せずに済んだ？

田中　一九九六年一〇月の、選挙制度が小選挙区になって最初の選挙には出た。落選したけどね。その時に一つ問題を感じた。この選挙制度を続けていると、政治家が本来の仕事である、団体間の利害調整をサボるようになるのではないか、とね。例えば、TPP（環太平洋パートナーシップ）加入問題でいえば、農業団体と商工団体、消費者の間での利害対立がある。

佐高　農業団体は外国からの安価な農産物が入ってくることを警戒するが、商工団体は自分たちの製品を輸出できるというメリットがある。消費者からすれば、農産物が安くなるのはありがたいが、安全性も大事だと思いますね。

田中　中選挙区だと、それぞれの団体の利害を複数の候補者たちが代弁して、ぶつかり合い、政治家同士で政策調整が進むが、小選挙区では、その党の当選者は一人だから、それができない。その利害対立から逃げるしかない。そうするとどうなるか。難しい問題ほど官僚任せになってしまう。調整から逃げるんだよ。山中貞則《さだのり》みたいな人がいなくなる。

佐高　山中貞則といえば、剛腕の党税調会長だった。利害対立の激しい調整を仕切ってきた人だ。その極みが一九八九年の消費税導入でしたね。

田中　そういう人がいなくなる。とにかく余計なことをしない。大事なことほど官僚任せになってくる。政治によるダイナミックな利害調整機能が弱体化してしまう。これは致命的だよ。国民の利益を護《まも》る機能が大幅に弱まる。

なぜ自民党を離党したか

佐高　一九八八年（昭和六三年）のリクルート事件、九二年の佐川急便事件と、自民党の政治とカネの問題がこれでもかというほど出てきます。そこで生まれるのが政治改革論議で、最終的には選挙制度改革になっていく。歴代政権はその課題解決で手一杯というか、足を引っ張られる。宮澤政権もまたそうでした。

田中 宮澤政権の最大の課題は、生活大国を実現していくところにあった。「国民一人一人が、豊かさとゆとりを日々の生活の中で実感でき、多様な価値観を実現できる、努力すれば報われる公正な社会」とのコンセプトの下、「住宅や生活関連を中心とする社会資本の整備」「労働時間や通勤時間の短縮による自由時間、余暇時間の活用」を進めるため、政府の各種審議会を総動員して議論した。経済界も役所も協力してくれた。

この宮澤さんの前向きにやろうとする展開を、構造汚職問題がつぶしてしまうわけだ。僕もそれを担当する経済企画庁の政務次官として大小一〇〇回ほどの会議に出て勉強させてもらったけど、そういう努力が実ったとは言えない。宮澤さんは、この構想に一〇年もかけていたのに。そして、構造汚職が、結局あの選挙制度論に変わっていく。

佐高 確かにそういう展開でした。

田中 僕が離党を決意した時だったね。もう、一人でも自民党を出ようと。

佐高 一人でも出る！　まさに単騎出陣だ。なぜ離党を決意したんですか？

田中　生活大国五か年計画は決定したけど、他の政策が前に進まないからね。スキャンダルの火の粉をどうはらうかで手一杯になって政策論争どころではなくなってしまっていた。

佐高　宮澤政権としては、せっかく腹を据えて、宏池会の伝統でもある、最も得意な経済分野で意欲的な政策パッケージを打ち出したのに、汚職論議にからめとられて、にっちもさっちもいかなくなってしまった？

田中　そのへんは宮澤さんもわかっていたようだね。秘書さんが後で言ったけれども、ずいぶん早い時期に「秀征君は出ちゃうよ」と言ってたってね。

佐高　離党問題については、宮澤さんときちんと話をしたんですよね。宮澤さんからすれば、秀征さんはそばにいなくては困る人。これまでもあらゆる相談を受けてきたんですよね。論文や演説の下書きにも深く関与されてきた。第二章で話が出ましたが、宮澤さんが政権に就く前に、月刊誌に「国連常設軍の創設と全面軍縮」という論文を出したのも、実際に書いたのは秀征さんでした。

田中　僕にとっては政治人生で最も大きな決断だったし、宮澤さんにとっても小さな問題ではなかっただろう。だから、首相官邸に出かけて二人だけで話した。乗り込んで、さしでやったね。僕はこう言った。「自民党という古い家が音を立てて崩れています。新しい家を建てましょう。総理が先頭に立ってやれば、僕は何でもします」と。

佐高　その時点で、秀征さんの腹の中では、宮澤新党みたいな感じもあった？

田中　僕が「新しい家をつくる先頭に立つ」というのは、そういうことも含んでいた。

佐高　時の総理に新党結成を勧めたわけですね。それは今さらながらではありますが、すごいニュースですね。

田中　必ずしも新党結成を目指すというわけでもなかった。まず自民党の腐敗体質を根本的に除去して党を一新することだった。それが実現していればね。僕は何度も宮澤さんにそれを勧め、「そのためには何でもやりますから」と繰り返し言ったんだ。それに対して、宮澤さんは腕を組みながら、最後は小さな声でこう言ったよ。「僕も古い家の住人なんだな」とね。そこで終わるんだ。

佐高　だから乗ってこなかったってことですね、宮澤さんは。

田中　あの時、僕は官邸を出る時に膝ががくがく震えたね、階段下りる時に。

佐高　秀征さんの足が震えたの？

田中　だって、もうこれは離党しかないと。とにかくもうこの人しかいない、と思っていた人に「新しい家を建てましょう」と意を決してメッセージを発したのに、見事に断られたんだ。当然だよね。そもそも、古い家の住人に「新しい家をつくってくれ」と言うのは、変な話、無理な話だなと悟ったわけ。新しい家は自分たち次の世代でつくらなきゃいけないとね。しかしそれは後で考えると、この離党のための手続きとも言えるね。

佐高　秀征・宮澤新党のギブアップの瞬間だ。

田中　それから半年ぐらい後かな。細川護熙《もりひろ》さんが新党結成をぶち上げるわけだ。

佐高　殿が熊本県知事を二期八年で退任、『文藝春秋』一九九二年六月号で「『自由社会連合』結党宣言」を発表。東西冷戦終結の国際潮流と、リクルート事件をはじめとする政治腐敗、既成政党不信、政治改革・行政改革の遅滞を背景に、政権交代の可能性がほとんどなくなっていた自社二大政党制を捨て、政権交代可能な保守の二大政党制を打ち立てるべきだ、と訴えた。

田中　僕は、無所属の一匹狼《いっぴきおおかみ》であれ、新党であれ、どういう形であっても自民党にいるわけにいかないと思っていた。それで、『週刊東洋経済』で細川さんと対談した。その後、細川さんが予約していたホテルの一室で長時間話し込んで基本政策を調整し、「宮澤内閣が終わる時に自民党を離党して、あなたと行動をともにします」と約束した。

佐高　お互い同じことを考えていることがわかったわけだ。

田中　それで「他に同じ志を持つ人はいないかね」という話になって、最初は僕一人のつもりでいたら、パッと武村さんの顔が浮かんで彼を誘うことになった。

佐高　懐かしいですね。一九八八年、リクルート事件発覚に端を発した自民党の中堅、若手政治家による政策勉強会です。座長格に武村正義を据え、三原朝彦《あさひこ》、鳩山由紀夫、杉浦正建《せいけん》、渡海紀三朗《とかいきさぶろう》、鈴木恒夫、小川元《はじめ》、石破《いしば》茂、井出正一、金子一義という面々でした。

田中　いや、その時は武村さん個人です。それから一人一人誘いました。新しい家をともにつくる仲間がそこにいたわけですね。

連立政権成立の舞台裏

佐高　一九九三年の衆院選後、自民党は過半数を割ったといえど、圧倒的な与党第一党だったわけです。だから、自民党が逆に社会党や公明党など八党会派の中から過半数になるだけの勢力を引っ張ってくれれば、自民党は政権維持できたわけじゃないですか。

山崎拓の回想録によると、山崎、加藤紘一、小泉純一郎のＹＫＫトリオがそれを考え、そのために担ぐ「玉」はやはり細川護熙しかない、ということになって細川側に働きかけ

細川非自民連立政権組閣時　写真 共同通信社／ユニフォトプレス

た。ところが、時すでに遅し。八党会派の反自民連立が固まりつつあり、それを引っ繰り返せなかった、ということになっている。細川という「玉」の取り合いでは、圧倒的に非自民連立側、つまり小沢一郎が先行していた、ということですかね。

田中　自民党は、言わば脳震盪《のうしんとう》を起こしていて身動き取れない状態だった。それに比べて、小沢さんの方は選挙中に六党会派をすでにまとめていたんだよ。

佐高　選挙中に。

田中　選挙前に、小沢さんに近かった山口敏夫さんが長野へ電話をかけてきて、「ホテルとるから小沢に会って、一晩徹夜でもいいから話してくれ。自分は部屋の外にいるし、ルームサービス役をやってもいいから」と言ってきた。

佐高 山口敏夫というのは、石田博英事務所で秀征さんと一緒に秘書を務めた人ですね。「政界牛若丸」とか「政界隙間男」とかいって、その体型と同じく、物すごい軽い身のこなしで、政局の微妙な動きを探知して、どこにでも入っていってしまう人でした。小沢側近として早くも蠢動《しゅんどう》、小沢・秀征間を取り持って、非自民連立を画策していたわけですね。

田中 山口さんはその時点で、「ここは細川しかない」と言っていたよ。ものすごく勘がいいんだ。僕はその頃は、政権に参加する気持ちさえなかった。だからその話を断った。

佐高 ちょっと待って。選挙の前？

田中 選挙が始まる前だ。僕が長野に帰ってたんだから。

佐高 衆院本会議での宮澤内閣不信任案可決が一九九三年六月一八日で、ただちに衆院が解散され、七月四日公示、一八日投票でした。

田中 だから、僕らが新党を結成した直後だね。

佐高 「新党さきがけ」の立党は六月二一日ですね。

田中 後で考えれば、山口さんは小沢さんとつながって動いていたんだろう。とにかく、すばしっこい。それに小沢さんたちは自民党を離党する予定ではなかった。だが、宮澤内閣不信任案にさきがけの多くが反対したのに、野党に同調して賛成した小沢さんたちが離党しないわけにはいかなくなった。

佐高　小沢の動きがそれだけ早かったとしても、比較第一党だった自民党がなぜその優位性を生かせなかったんですかね。脳震盪を起こしていた、というのは言い得て妙だけど、あれだけ権力に執念深い政党が、小沢にされるがまま、なす術《すべ》もなく、手をこまねいていたとも思えないんですが。小沢には言っても無駄でしょうが、秀征さんたちには自民党からアプローチはなかったんですか。

田中　それがね、その時点では僕に自民党からの音沙汰は全然なかったんだよ。やはり小沢さんの反自民姿勢が鮮明だったからね。

佐高　音沙汰なかった。

田中　うん。武村さんが、後藤田正晴さんのところに行って、何か仕掛けていたようだが。

佐高　いわゆる、後藤田首班構想ですね。武村さんからすると、比較第一党はまだ自民党であり、その中から政治改革を進める真っ当な人がいれば、さきがけとしてそれを担ぐ手もあると思っていた、と。あの二人は一種の師弟関係で、後藤田さんのことを武村さんはとても尊敬していましたからね。

田中　ただ、僕も細川さんも、武村さんのそういう動きは全然重視しなかった。当時、アンケート調査をやると、非自民を支持するというのが多かった。やはり非自民で行かざるを得ないという印象を、細川さんは持ってた。

佐高　せっかく自民党を出たのだから、またその自民党と一緒にやるという発想はなかったんですね。

田中　ただね、宮澤さんから僕のところへ電話が来たことがあった。自民党の総裁が河野洋平君に代わったから会ってくれないかと。宮澤さんに言われればそうせざるを得ない。

佐高　会ったんですか？

田中　会った。河野さんが津島雄二さんを連れてキャピトル東急ホテルにやってきた。津島さんは自民党内でも改革派の一人だったから、話が通じやすくなると思ったんだろうね。

佐高　何と言ってきたんです？

田中　提唱した「政治改革政権」に自分たちも入れてくれ、と来たわけだ。

佐高　えっ？　自民党も入れた挙党一致内閣をつくろう、ということですか。

田中　ただ、すでに時遅しだった。非自民政権として電車がすでに動き出しちゃった時だったから、乗れなかったというわけ。

佐高　やはり無理筋だった。

田中　いや、何とかしようと思えば、そうなった可能性はゼロではなかった。こう言うと問題になるけど、非常に微妙なところだった。自民も入れろと言ったら、細川さんも武村さんも反対はしなかったと思う。

佐高　ただ、小沢は反対したでしょう？

田中　そうだろうな。そうしたら、小沢さんが出ていけばいい話だから。

佐高　自民党が入ってくる可能性が、あの時にあったわけだ。

田中　そういったいくつかの自民党との橋渡しはあったが、結局、僕らは非自民連立政権を選んだ。細川さん自身が非自民に傾斜していた。ただ、イフの世界で言うとね。こういう選択肢もあったかもしれない。つまり、あの時に自民党を受け入れて挙党一致内閣をつくったら、どうなっていたか。そうすると、政治改革法案は……。

佐高　何の問題もなく成立しますね。細川政権では、自民党の抵抗に手を焼き、成立までに年をまたいでしまったけど、挙党一致内閣なら慎重審議でも三か月あれば上がったのではないでしょうか。

田中　成立したうえに、その目標達成後は、どうせ連立内で政策面での対立、喧嘩《けんか》が起きるから、いい形で二つに分かれる。憲法観や外交安保政策など基本政策を軸に、ど真ん中で割れる可能性があった、ということだ。保守合同の逆バージョンで、保守本流と自民党本流に分かれたかもしれない。先日、細川さんともそんな趣旨の話をした。

佐高　最近話したわけですね。

田中　前からそういうふうに思っているんだけど、最近も話したよ。

佐高　当時も思ってたんですか。

田中　細川政権の時も思ったし、その一年後の一九九四年、村山政権誕生時にも思ったね。

佐高　細川政権は最大の目標だった選挙制度改革を成し遂げてからは求心力を失い、細川さんは自らのスキャンダルを攻め立てられて政権を投げ出します。その後を継いだ羽田《はた》孜《つとむ》政権も、社会党やさきがけが連立離脱したことで少数与党に転落、解散権の行使もできずに二か月の運命で終わる。そして、次の首相が誰になるか。衆院本会議での首班指名選挙で、どちらが多数を握るか、という大政局となります。

自民党は何がなんでも自分たちの手に権力を取り戻そうと、この際、社会党党首を担ぐのでもいいから、と自社さ連立により政権を奪還しようとする。一方で、非自民側は小沢が中心になって、自民党切り崩し工作を断行。海部を引っこ抜いて村山の対抗馬に仕立て、自社連立はそれこそ野合だと宣伝します。さすがに社会党委員長に一票は投じられない、という自民党議員が出てくる。中曽根康弘元首相もその一人でした。

田中 渦中で僕は、武村、園田博之を全日空ホテルの「雲海」に朝食に誘い、「社会党の村山さんを推そう」と提案、寸時の間を置き、二人は目を輝かせて賛同。その昼に僕が記者会見して、その意向を表明した。特別に動かなくても自動的にその政権ができると確信していた。

自民党は社会党を誘うわけにはいかないし、社会党もそれはできないが、我々さきがけは両党をつなげる。この時は宮澤不信任案に反対した対応が生きている。翌早朝、村山さんから「あんたは私をバカにしているのか」と怒りの電話があった。

海部、中曽根といった自民党の首相経験者まで小沢サイドに行ってしまった。天下分け目の戦だったね。本当に最後までどちらが勝つかわからなかった。僕の中では、もし村山さんが負けても、一年前の幻の細川挙党一致内閣の時のように、保守勢力がいい形で二つに分かれるな、という目算はあった。

佐高 結果的に決選投票で村山二六一票、海部二一四票で、村山首相が誕生します。

田中　村山さんが勝っちゃったから、中曽根さんも海部さんも、結果的に自民党に戻っていってしまった。

佐高　もしあの時、村山さんが負けて海部さんが勝っていれば、海部非自民連立政権ができます。そうなると、自民党はさらに政権与党への道が遠くなり、離党者が増え、連立側に行っていた可能性がある、ということですね。確かに、自民党がほどよく割れて、本格的な保守二大政党になった可能性がありましたね。

「日本新党・さきがけ」はなぜ連立の主導権を握れたか

佐高　ここでまた細川政権成立時に戻ります。小沢が「非自民」という横串を刺して束ねたわけですが、それだけでは連立は動かないですよね。そこに「政治改革政権」というミッションが付与されたのは、どういう経緯だったんですか。

田中　小沢さんが、非自民の六党会派を選挙中にまとめていたことは話したね。自民党脱党の人たちと、長年の政敵社会党を含めて六党会派を短時間で束ねたんだから、小沢さんの剛腕はすごい。で、選挙の結果、この非自民と自民という塊が、同等の力をもって対峙する、という構図が生まれたわけだ。

佐高　そうでしたね。

田中　だけど、両方とも過半数には達していない。カギを握るのは、さきがけと日本新党の五〇人くらいの勢力になる。これがどちらにつくかで勝負が決まるわけだから、両方からどんどん誘いが来る。もちろん、新聞もテレビも、そこを狙って報道してきた。そうなってくると、僕が描いていたような野党としてののんびり人を育てよう、などとは言ってられない。そこで、「日本新党・さきがけ」の院内会派としてどう主導権を握るか、ということを考えていた。そうしたらある晩、夜中に飛び起きて、第三の道があるということに気付いたんだ。

佐高　グッドアイデアがひらめいた？

田中　こういうことってね、意外と誰も気が付かない。自民党と非自民、どっちにするか、どっちに合わせるかではなくてね、あらかじめこちらから政治改革法案の中身を示し、それを実現するための「政治改革政権」を提唱する、というやり方だ。

佐高　受け身じゃなくて、こっちが政局の主導権を握れる形で打って出た？

田中　そうそう。第三の指を出す、ということだ。

佐高　この指止まれ、とね。

田中　夜中、そこに気付いた時に、これは必ず実現すると思ったね。一〇〇%だ。政治改革法案はこっちの主導権ででき上がる、とね。

佐高　そして、細川、武村の二人に披露した。彼らはどう?

田中　びっくりして最初はうんともすんとも言わなかったけどね。向こうからのプロポーズを受けるのではなくて、こっちから呼びかけるんだよ、政治改革の法案内容をまず決めて出すんだよ、と言ったら、うわーとなって……。

佐高　虚を衝《つ》かれた。

田中　その後すぐに細川さんは小沢さんのところへ飛んでいったよ。

佐高　主客転倒、コロンブスの卵みたいなもんだ。

田中　ただ、あの時一つ失敗もした。政治改革政権を提唱する、という記者会見に僕が遅れてしまったんだ。

佐高　どういうこと?

田中　選挙後にはすぐ「日本新党・さきがけ」という統一会派を作ってあった。国会活動をともにしようと。それで、細川さんが日本新党の代表、武村さんがさきがけの代表だから、僕がこの統一会派の代表になっていたんだよ。

佐高　代表として記者会見にのぞもうとしたら、本人が遅れてしまった。

田中　都内の渋滞もあり、会見会場への到着が遅れた。かなり遅れて二人の端っこに座ったんだけど、細川さんがすでにプレゼンテーションを始めていて、僕が質問を受ける、というちょっと変な形になってしまった。しかも、僕の案にはなかった政党助成金制度の創設、というのが付け加えられていた。

佐高　秀征原案には政党助成金はなかった。

田中　僕は反対だったからね。とにかく宮澤さんと同じで、税金を使って政治活動するようになったらおしまいだ、という思いがあった。ただし、永田町ではそういう考えをする人間はごく少数派だけどね。

佐高　いないでしょうね。それで、その助成金は誰が言い出したんですか。

田中　小沢さんと細川さんかな。武村さんも賛成なわけだよ。

佐高　非自民派の中心人物はみんな賛成。秀征さんはそこでは孤立無援だった。

田中　政治改革はあくまでも刑法の贈収賄罪、あるいは公職選挙法、政治資金規正法を改正して対処すればいい、という考えだから。宮澤さんも言っていた。政治活動は税金でやるべきではないとね。僕も全くそれに共鳴している。税金を使ってやるのは政治活動じゃないとさえ思ってる。明治の自由民権運動以来、五円、一〇円でもみんなで出し合って、自分たちのお金でやるものだというふうにずっと考えていたからね。

佐高　長野での秀征さんの選挙を見ていれば、よくわかりますよ。ただ、その助成金の話は、余計でしたね。秀征さんを含めて揉《も》んだ、ということではないですよね。

田中　いやいや、全然しない。

佐高　一晩のうちに変わっちゃった。

田中　入っちゃったのよ。

佐高　歴史に残る遅刻というか、遅れだったんですね。

田中　そうなんだよ。

佐高　しかし、機を見るに敏というか、小沢にとっては、この政治改革は、最初から助成金狙いの観がありました。金丸信、竹下登のように無理な金集めをして検察に挙げられるのではたまらないという。

田中　そうなんだよ。世の中にも、政党助成金みたいなものをつくれば、清潔な政治ができるかもしれない、という期待もあったように思うけどね。僕も絶対反対というわけではなかった。税金を使うなんて情けないじゃないかという感じだった。

佐高　国民一人が三〇〇円のコーヒー一杯分出せば、きれいな政治ができるなんてうたってました。

田中　今、見ると、そんなに立派な使い方はしていない。

佐高　確かに。もし秀征さんが最初から会見にのぞんでいたら、どうなってました？

田中　自分の発案だから、そこでできた政権に対する発言力は、圧倒的に強かったろうね。村山内閣の時もそうだったけど、政治がかつてない混沌《こんとん》とした状況下にあると、当たり前のような知恵も浮かばなくなるんだね。

佐高　政治家というのはそんなものなんですね。で、会見を受けてどうなりました？　この指止まれ、で。

田中　小沢・非自民はすぐに参加した。そして、さっきも連立電車がすでに動き出しちゃったと言ったけど、時間切れになってから、遅れて河野さんらが来たわけだ。宮澤さんから電話が来て、河野さんが新しい総裁になったから連立の話を聞いてくれと。

佐高　脳震盪状態からなかなか抜け出せなかったんですね。細川政権の人事秘話というのはどうですか？

田中　悲喜こもごもだった。藤井裕久《ひろひさ》さんは自分が蔵相になるのを知らなかった。僕の席に来て、「秀征さん、大蔵委員会の同窓会をやろう、僕らフリーになったから」と言ってね。彼は大蔵の役人上がりだし、僕は大蔵委員会所属が長かった。自分が無役だと思って軽口叩いたんだね。例の山口敏夫さんが飛んできたこともあった。ものすごいけんまくで来て、外相人事について怒っている。話が違うとね。なったのは羽田孜さんなんだけど、どうやら民間人起用という話に惑わされていたらしい。

佐高　秀征さんに泣きつけば変わると思ったのでしょうね。それくらいの力は、あの時の秀征さんにはあったでしょう？

田中　藤井裕久さんは小沢さんが蔵相に押し込んだ。

佐高　武村官房長官というのは？

田中　小沢さんはものすごく反対した。武村さんは武村さんで、斎藤道三みたいな男なんだわ。

佐高　「国盗《と》り物語」だ。

田中　駆け引き上手だった。細川さんから口止めされていた人事を、自分でリークして固めちゃってたね。それで小沢さんが、ものすごく頭にきちゃった。そこから武村さんとの仲がおかしくなる。

佐高　秀征さんは、官房長官になる気はなかった？

田中　全然。閣僚になる気もさらさらなかった。武村さんが入閣だから、党務に専念しようと。

佐高　それにしても、宮澤さんの解散総選挙後の政局は不思議な循環ですね。まずは、小沢が野党八党を束ねて政権を獲った。その一年後には、さきがけが一つの支点になって、自民党と社会党を結んで政権を引っ繰り返した。社会党党首を総理に戴いてね。すごい発想ですよ、これ。

田中　うん。だからそれはほんとに、コロンブスの卵だって言われたんだ。ただ、細川政権時代に村山さんと接して、その人格や見識に驚いていた。こんな人が首相をやればいいのにと思っていた。

佐高　誰も考えていなかった。社会党から総理を出すということ自体をね。

田中　細川政権の時もそうだ。こっちから政治改革政権を呼びかけるというのは誰も考えていなかった。

佐高　そういう意味では、この二つの政権誕生に、秀征さんの関わりは相当深かったんですね。

村山内閣での組閣秘話

佐高　村山政権時代はどうだったんですか？　秀征さんは、総理側近としていろいろ相談に乗る立場だったわけですよね。

田中　村山さんが組閣する前の日に、村山さんが言うには、野坂浩賢《こうけん》が官房長官をやる気になってるけど、何とかやめさせてくれって。

佐高　野坂といえば、村山側近、社会党左派の論客だ。鳥取県議時代に、鳥取県警警務部長だった亀井静香と盟友関係にあり、村山擁立劇も、この野坂・亀井ラインが相当動いた。ご本人からすればその褒賞ポストぐらいもらって当然だという気持ちもあったんでしょうね。ただ、村山さんからすれば、社会党内全体のバランスを崩すと。

田中　いや、そうじゃない。官房長官は超多忙だから高齢の野坂さんじゃ体力的に無理だと。まあ失言の心配もあったかもしれないが、村山・野坂の仲は稀《まれ》に見る盟友だ。

僕は別に社会党の人間でも何でもないわけだが、村山さんから頼まれた以上、どうしようかと。だから、組閣の当日早朝に、野坂さんに電話した。すると彼は「秀征さん、おはよう。今日は組閣よろしくお願い」と言う。「僕は官房長官をやれと言われてるんで、困っちゃってるんだよ」とね。だから僕が、「官房長官？　ダメだ。そんなことやったら、死んでしまうよ」と言ったら黙っちゃって。

佐高　あの野坂が黙ってしまった？

田中　「じゃあ、どうすればいいんだ？」って。「いや、いろいろ（村山さんの）相談相手として、そばにいなきゃいけないから、閣僚にはなった方がいいよ」と言ったの。「そんなこと考えたことない。何やるんだ？」と言うから、とっさに出たのが、建設大臣だ。僕も千曲川《ちくまがわ》の改修の陳情に行くからと言って。

佐高　秀征さんの地元の千曲川ね。台風なんかでずいぶんと堤防決壊や氾濫を繰り返していたから。ちゃんと計算してるんですね、政治家として。

田中　いや、計算なんかやってる時間はないんだよ。とにかく「建設大臣どうだ？」と言った。「あなたの選挙区も喜ぶし、うちだって千曲川が氾濫して大変なんだ」と言ったら、「そうか。じゃあ、陳情に来てくれるか」と言うから、「行くよ」と言ったの。そして、そのまま決まっちゃったんだよ、建設大臣。

佐高　そうなの？

田中　うん。それで官邸に入っていったら、石原信雄官房副長官が待っていた。

佐高　心配していたんですね。社会党の党首が首相になるだけでも大変なのに、左派のガチガチの元闘士が官房長官になるのでは。

田中　心配していたね。だから、僕がその件については「大丈夫」とサインを出した。

佐高　石原さんもホッとしたわけだ。

田中　そして組閣が始まった。村山さんが目の前に座って、さきがけは僕が一人で、自民党なんかいないんだ。久保亘さんと野坂浩賢さんはいた。

佐高　この二人は社会党内では右派と左派。仲が悪いという評でしたけどね。

田中　そこで、「さて、組閣といえば、官房長官からだが」と村山さんが言って、野坂さんの方を見た。でも、野坂さんが「えー、俺やらない、やらない。体が持たない」とか何とか言い出した。そしたら久保亘さんが、「秀征さんに脅されたんだろう？」とズバリ言い当てたのよ。それでちょっと緊迫した。そしたら野坂さんが、「何言ってんだ。俺、秀征さんのこと大好きだから、言うこと何でも聞くんだ」と居直ったわけよ。

佐高　村山さんは何も言わない？

田中　村山さんには始まる前に合図しておいた。それで「何やるんだ」「建設だ」と言って、それで決まった。

佐高　なるほど。建設大臣になったから、彼はその後、長良川河口堰《ながらがわかこうぜき》の問題で私に抗議されることになる。なぜ阻止しないんだ、と大臣室に乗り込んだ。

田中　ただ、それ（建設大臣決定）はその席じゃなくて、その後ね。野坂さんとは仲良く村山さんを支えたけど、ああいうスカッとした代議士はほとんどいなくなってしまったね。野坂さんと村山さんと三人でいた時、村山さんが僕に「野坂の奥さん、先日亡くなって、三〇〇〇人も会葬者があったんだ」と話したら、突然野坂さんが立ち上がって、「三〇〇〇人じゃない、四〇〇〇人だと言っただろう」と本気で怒った。そうしたら村山さんが「そうだったな、間違えて済まない。申し訳なかった」と本気で謝った。二人の仲はそんなだった。

第六章　未来の湛山どう育てる?

――新たなる湛山を求めて

今こそ選挙制度を見直すべき

佐高　この最後の章では、未来の湛山をどう育て上げるか、という観点から話したいと思います。政界に人材なし、と言われて久しい。だけど、今ほど真っ当な政治家が求められている時代もない。それだけ世の中のかじ取りが難しくなってきている。このミスマッチを秀征さん、どうしたらいいですかね。

田中　なぜ人物がいないか。僕に言わせれば、人物に対して道をあけない政治が罷り通っているのがダメだよね、閉ざされちゃうから。

佐高　端的に言うと、世襲がはびこってる。そういうことにも関係ある？

田中　名前はあえて挙げないが、それなりの地位を占めた政治家は、自分の息子、娘に対しては、「お前、政治家としての資質はゼロだから、なってはいけないよ」ぐらい言っておかなければダメだね。

佐高　田中角栄の孫が、真紀子も勧めたのに断ったんですよね。今、公認会計士。それを私が褒めたというか、やっぱりおじいちゃんはなかなかのものだった、とX（旧ツイッター）で書いたら、二〇万ぐらいの共感の声が広がりました。雄一郎というお孫さん。

田中　佐藤栄作の長男も同じだよ。龍太郎さんは見向きもしなかった（次男の信二氏が衆議院議員に）。

佐高　湛山の息子だって。

田中　湛一さんな。

佐高　湛一さんも全然。それから、松村謙三の息子も。しかし、残念ながら、それは少数派ですよね。人物に道をあけない政治とおっしゃったけど、これにはやはり選挙制度も関係してきますかね。

一九九六年の選挙から小選挙区比例代表並立制に変更されましたが、各メディアともにあれだけ熱を入れて応援しながら、その制度改革がどんな結果をもたらしたか、きちんとした検証がない。

田中　まさにそこなんだよ。簡単に言うと、人を選ぶことができなくなってしまった、ということ。非常に致命的なことだと思うね。僕は自分の希望もあって無所属で挑戦した人間だが、今の制度では、そういうことはできない。どんなに頑張ったってできない。最近、僕は選挙制度をもう一回見直せ、とかなり一生懸命やっているんだが。

佐高　秀征さんが書いた論文（「細川政権交代から30年　小選挙区制度はこのままでよいのか？」毎日新聞「政治プレミア」二〇二三年一月二二日）が手元にありますよ。ちょっと、大事なところだけ紹介しますね。制度改革してほぼ30年、「当時、政局中枢で関与した者として特別の感慨を覚える」としたうえで、「当初からこの小選挙区制を支持する有権者は多くはなく、選挙制度に対する不満や不信感は衆院選を重ねるにつれますます募ってきている」「年々世襲化が進み、政治家が家業のような様相を呈している。近年著しい日本の多面的な劣化は、政治家の世襲による人材の劣化と無縁ではないだろう」「そもそもリクルート事件や佐川事件のような構造汚職を選挙制度のせいにしたことが大きな間違い」だったと批判、「このままでは、国はじり貧の運命を避けられないと思う。本年を、小選挙区制の経過を検証し見直す第一歩を踏み出す年にしたいものだ」と締めている。相当、本気感が伝わってきますよ。

本音は中選挙区連記制だった

田中　なぜ僕がこんなことを言い始めたのか。あの当時を振り返りたい。選挙制度改革に至る過程では、こういうことがあったんだ。一九九三年一一月一八日、衆院で小選挙区二五〇、全国比例二五〇の政府案が通ったでしょ？

佐高 有権者は二票を有し、小選挙区では候補者個人に、比例代表では政党に投票する制度だ。衆院は通過したものの、翌九四年一月二一日、社会党の造反があり参院では否決された。最後は細川護熙首相と自民党の河野洋平総裁とのトップ会談で、小選挙区三〇〇、比例代表二〇〇（全国一一ブロック制）の二票制で合意が成立、この合意に基づく改正公職選挙法や改正政治資金規正法、政党助成法などの政治改革四法が三月四日に成立した、という経緯でした。だけど、秀征さんはもともと小選挙区論者ではなかったんですよね。

田中 そう。僕が主張していたのは、中選挙区連記制だ。例えば定数五人区であれば、二名連記できる。そうすると、例えば農協系統の候補と商工業系統の候補がいた場合に、お互いに潰し合いをすることはなく、政策論争が盛んになる。複数の保守系候補の間でのサービス合戦も収まる。

佐高 サービス合戦が収まれば選挙に金もかからなくなる。

田中 それまでは、どこにどれだけ連れていったか、という話になっていた。電報だけで二〇〇〜三〇〇万円かける人もいる。

佐高　祝電、弔電？

田中　老人会から幼稚園の卒園式まで、ゲートボール大会から盆踊りまで、みんな打つんだからね。相手が共産党員であっても、娘が結婚すれば祝電を打つし、死んだ人には全部、弔電打つしね。

佐高　中選挙区連記制になれば、それが少し緩和されるが、小選挙区になればもっとなくなる。一人しか当選できないから、同じ党同士でのサービス合戦は全く必要なくなるという理屈でした。当時はリクルート事件、佐川急便事件と大疑獄が二つ続いて、自民党としてみれば、どうしても金のかからない選挙制度にする必要があった。派閥が首相ポストをたらい回しできる中選挙区制ではなく、民意の変化で本格的な政権交代が起きる制度に切り替える、という大義名分もあった。そこに小選挙区制の流れができた。

それに加えて自社二大政党だけではなく、当時の公明、民社、共産各党にも生き残りの余地を与えなければならないということで、小選挙区とは全く別個に並立する形で比例代表制を付け加えたわけですね。ただ、秀征さんの本音は中選挙区連記制だった。

田中　だからね、僕としてはかなり大きな妥協をしたんだ。小選挙区比例代表並立制の導入はやむを得ない、というところはね。ただ、転んでもただでは死ねない。条件闘争もした。最初に僕が出した案は、小選挙区一五〇、比例代表一五〇だった。現行から三分の二に議席を減らすことになるので、それがそのまま通るとは思ってなかったんだけれども、僕なりに意味を込めた。

佐高　どんな意味を込めた？

田中　小選挙区を一五〇にするということは、選挙区の面積を大きくするということ。選挙区が広くなり、早い話、昔の中選挙区の候補同士がぶつかり合う局面も多くなる。要は世襲封じになるという計算があった。もちろん、衆院議員の数を五〇〇から一気に三〇〇まで削るという姿勢も示そうと。

佐高　そんな深慮遠謀があったんですか？

田中　ただ、細川さんも武村さんも、歯牙にもかけてくれなかった。秀征さん、それ無理筋だと。それで二五〇・二五〇となった。ただ、全国比例だけは僕の原案をそのまま通してくれた。

佐高　全国比例の方はどういう狙いだったんですか？

田中　僕自身が小選挙区ではなく、いずれ全国比例に移ろうとも思っていた。そっちで三人でも五人でも本当に優秀な人材を集め、グループを作ってみたい、という気持ちもあった。この制度は少数政党も尊重する。だから「穏健な多党制」を目指すと公言していた。

佐高　秀征さんが前から言っていた、シングルイシューの集団ですね。

田中　そうなったら、ぜひこの人には政治をやってもらいたい、と思える人間を探してやろうと考えた。当時の僕はそれが可能な立場にいたからね。それぐらいのことはしてやろうと思っていた。

佐高　政界への人材リクルートだ。

田中　そういう意味では、石田博英さんと同じような立場になったわけだ。彼は日本を委ねられる人探しをして、湛山を探し出した。僕もまた似たようなチャレンジをしようとした、とも言えるね。

佐高　ただ、その二五〇・二五〇案も衆院では通るが、参院で否決。政治折衝で小選挙区三〇〇・比例代表二〇〇に変わり、しかも、比例代表は全国比例ではなく北海道、東北から九州まで一一のブロックに分割されてしまった。

田中　しかも、重複立候補制を導入した。小選挙区で落選したら比例区に行って、そっちで復活してくれと。選挙したのかしないのかわからないような制度になってしまった。

佐高　仮に、衆院通過案の二五〇・二五〇の全国比例だと、どんな政治になっていましたかね。

田中　母数が二五〇あって全国比例であれば、ある特定の課題解決のための政治勢力を作りやすかったのではないかと思うね。有権者の一割がそのシングルイシュー政党に投票すれば、比例だけで二五人の当選者を作れる。五％でも一二人だ。特定の政策課題を背負った、そういう政党が連立政権の一翼を担うことで、政策が大きく動くこともあり得たと思う。

佐高　できますよね、二五〇あれば。

田中　これ、反原発だったら三〇人ぐらいは絶対集まるね。小選挙区では絶対に当選しないけど。

全国比例に戻せ

佐高　そうなると、小選挙区制度自体が政権交代を促すテコ役になったわけですが、比例代表の方も政界再編のカギになるようなパワーを潜在的に持つ仕組みとなったわけですよね。

田中　そう。例えば、この内閣は地球温暖化問題に徹底的に取り組むから、その際は比例代表のあのグループの人たちにも入ってもらおうと。

佐高　それが通っていたらずいぶんと日本の政治も変わっていたでしょうね。

田中　そう思うけどね。少数政党を大事にして、それを基礎にボトムアップ的に連立や合従連衡が行われていく中で、二大政党みたいなものに収斂《しゅうれん》していく、というコースだよね。小選挙区にして無理やり二大政党に作りかえる、というのは古い羊羹《ようかん》を二つに割るようなもので、何も生まないと思っていたところもある。

佐高　古い羊羹真っ二つ、は強烈です。

田中　全国比例とブロック比例のこういった違いについては、村山富市さんとも後日話す機会があった。「あれは少数政党尊重の仕組みだったんです、原発反対という人たちだけで三〇人は当選できたんです」と言ったら、「そうか、賛成すりゃあよかったんだな」と言っていたよ。

佐高　でも、そうはならなかった。そして、三〇〇・二〇〇（一一ブロック制）をベースに、選挙は九回実施。何度か定数をいじって、今では小選挙区二八九、比例一七六議席の計四六五議席となっている。これをどう変えたらいいですか？

田中　比例区の一一ブロックを全国比例に戻すことだ。さっきも言ったメリットがある。そうでなければ、中選挙区連記制だろうな。選挙区は複数定数の中選挙区に戻し、一票制ではなく複数名の連記も許す。例えば定数五の選挙区では二票投じることができる。有権者の多様な志向や価値観に対応し、人材の多様性が確保される。最低得票率も上がる。連記制というのは過去に一回だけやってるんだよ、一九四六年だ。

佐高　戦後最初の大選挙区選挙ですね。

田中　定数が一〇人以下の場合には二名連記、定数が一一人以上の場合は三名連記を許した。当時、長野県は全県一区で一四人定員だったから、三名連記できたんだ。

佐高　有権者からすると、得した気になりますね。

田中　敗戦後まだ一年も経ってない混乱期だから、特殊要因というのがあった。一つは、既成の政治家が公職追放で八割いなくなった。そうなると、いろんな人が候補になるんだけど、名前と顔が一致しない。知らない人ばかり立候補している、ということになる。

佐高　名前だけでは決められませんからね。

田中　選挙区が広くていっぱい出てるし、名前がわからないものだから、なかなか一人に絞れない。三人連記なら、もう少し軽い気分で投票できるのではないか、とね。だったら、一人ぐらい女性の名前を書いておこう、ということもあったのか、この選挙で当選した女性議員は三九人。この数字は二〇〇五年の総選挙で四三人が当選するまでは最多記録だった。

小選挙区制を大応援したメディアの罪

佐高　それまでは女性の参政権そのものがありませんでしたからね。ところで、選挙制度の見直しは、今後どうなるんでしょうか。与野党六党による衆院選挙制度協議会が立ち上がっており、二〇二三年六月には有識者ヒアリングとして、細川護熙、河野洋平の二人を呼び、三〇年前に両者間で小選挙区比例代表並立制で政治決着した当時の経過などを聞いたようですが。

田中　非公開のヒアリングだったらしく、翌日の紙面には出ていなかったが、細川さんがこういうことを自民党に行ってしゃべりましたと、僕にコピーを送ってよこしてくれた。

佐高　河野洋平さんも「政党中心・政策本位にかけるという決心だったが、三〇年経って今の政治を見た時、国民が政党・政策を選ぶ形になっているか、ギャップを感じざるを得ない」などと振り返っていますね。

田中　二人とも自分たちが間違ったことをしたとか、そういうようなことを言うのは嫌なんだろう。だけど、これは国家、国民の将来を決めることだからね。

佐高　お二方とも忸怩《じくじ》たる思いがあるのでは？

田中　選挙制度改革は別にして、ウルグアイ・ラウンドでのコメの自由化だけは、細川政権以外の、自民党でも社会党でも誰がやってもできなかっただろうね。歴史に残る大仕事には違いない。

佐高　選挙制度改革については、細川さんも河野さんも、どちらも今では否定的なんだけど、では何で導入したんだ、という話になってしまう。

田中　今回のヒアリングで、細川さんはそのあたりの経過をかなり具体的に説明したようだね。誰が誰に電話をかけてとか、僕も初めて聞いた話があった。

佐高　確認ですけど、秀征さんは一回も小選挙区制にすべきだと唱えたことはないですよね？

田中　ない。だけど、政府案が小選挙区比例代表並立制だったから……。個人的には大変な妥協をして政府案を作った。

佐高　これは、与党側は武村正義、小沢一郎、自民党側は後藤田正晴さんのラインでできたんですよね。細川さんは意外と小選挙区には慎重だった？

田中　この時の政府原案は細川、武村、僕の三人で作った。その素案は僕が作った。小選挙区制への転換は大きく強い流れだったから妥協したわけだが、細川さんも僕と同じ中選挙区連記制だった。

佐高　と言ってますよね、ご本人が。

田中　（日本新党）結党宣言の時もそれだもの。そのことが、細川さんと連携する一つの決め手でもあった。後はメディアがわーっと大応援したからね。メディアの中で反対した人は、朝日新聞の石川真澄さんぐらいだ。

佐高　そう。

田中　石川さん、大したもんだわ、あれ。

佐高　後はみんな、論説委員長クラスが取り込まれて、推進社説を書きまくったから。

田中　先日、選挙制度の話を地元でした時は、いろんな人が来てくれた。商工会議所の人もいれば農協の人もおり、かつて僕が中選挙区で戦った小坂善太郎派の人もいれば、倉石忠雄派の人もいたが、一番みんなが反応したのは、この選挙制度では党が優先されて、政治家個人を選ぶ感じがしない、ということだったね。「人を選べない選挙制度だ、人物に道をあけない政治」と言ったら、みんな納得していたよ。そうだ、そうだって、うなずいていた。党より先に人物で選ばれなければ、政治家個人の責任意識というものは非常に薄くなってしまう。

佐高　中選挙区では、責任は全部自分に回ってきますからね。

田中　そう。小選挙区は、党の責任で選挙に出る、しかも自民党という党のおかげで当選してしまう。こうして政治家としての個人が死んでしまう。

それにしても日本の社会とメディア、そして学界は、本当に横並びだった。みんな同じことを言い始めて、それが止まらない。選挙制度改革論議がそうだった。

佐高　それでいて状況が変わると、また手のひら返したように論調を引っ繰り返す。

田中　晩年には、武村さんも間違いだったと言っていた。

佐高　当時は推進派の筆頭だったけど。

田中　細川・河野合意に至った時には、「やった。秀征さん、どうしたの？　うれしくないの？」とか言っていたが、やはり晩年は変わった。彼は二〇二二年に鬼籍に入ったが、僕は彼の菩提寺《ぼだいじ》の霊前で、今後できる限り小選挙区制の見直しに努めることを誓ったくらいだ。

佐高　自民党内で熱心だったのは後藤田正晴さんでしたが、武村さんもその影響を相当受けてたんじゃないですか?

田中　後藤田さんも、背景に阿波戦争があったんじゃないかな。三木武夫陣営との永久戦争がね。あの時、後藤田陣営は大変な選挙違反事件を摘発された。中選挙区制度はやはり金がかかり過ぎる、これを何とかしなければいけない、という思いをずっと抱いていたのではないか。僕はほとんど接点がなかったけどね。阿波戦争だって政治家個人の責任でしょう。後藤田さんにも責任があった。

佐高　向こうからはアプローチもなかったんですか、秀征さんに。

田中　なかったね。

自殺した山内豊徳《やまのうちとよのり》

佐高　政界に湛山のような人材をどうまた見出すか。選挙制度の見直しも必要だろうし、個々に育て上げる努力も必要でしょう。ここで一つ、ある自殺した官僚の話をしたい。秀征さんもよくご存じの、環境庁（現・環境省）企画調整局長だった山内豊徳です。真面目で優秀な人だったが、それだけではない。志と徳の高さがあった。彼は政治家ではなかったけれど、我々がどういう人材を求めているのかを考える時、彼の生き方、死に方はどうしても記録しておきたい感じがあります。

田中　彼はよく知ってるよ。

佐高　大蔵省でも局長以上は確実とされる経歴だったのに、厚生省（現・厚生労働省）を志望、一貫して福祉畑を歩んだ人です。厚生省から環境庁へ転出し、一九八六年に官房長、八七年（昭和六二年）に自然保護局長、九〇年に企画調整局長を歴任しました。長良川河口堰問題、石垣島白保《しらほ》空港問題などに取り組んだから、私もよく知っているんです。ところが、九〇年に水俣病認定訴訟で、国側の担当者として被害者側との和解を拒否し続ける立場をとらされます。官僚としての職責と良心の板挟みになって、その年の一二月に自宅で自殺してしまうんです。私は彼のことを「自殺を選びし者」（講談社、一九九六年『官僚たちの志と死』所収）というタイトルで一〇〇枚書きましたけど、実は直接会ったことはないんです。秀征さんはよく会っていたとおっしゃってますよね。

田中　僕の部屋でお茶を飲んでいったんだよ、議員会館の中を一回りすると。

佐高　昭和一二年生まれだから、秀征さんよりちょっと上ですね。

田中　三つ上だ。

佐高　私はあの時に、「官僚には自殺する官僚と、腐敗する官僚しかいない」と書いたんですよ。自殺が報じられた当時の週刊誌に載った話を、秀征さんが東京新聞（一九九七年二月三日付夕刊）に書いたんですよね。近所の主婦か誰かの話で、山内さんという人は、霞が関ではとても偉い人なのに、とにかくごみを拾って歩く人だったって。

田中　『週刊新潮』に載った話だね。山内さんの死をテレビで見た人がびっくりしたと言うんだよ。ずっと長い間、日曜日にごみを拾ってる人、あの人が役所の偉い人だったってね。

佐高　私は、それで（山内さんの）奥さんに電話したんです。奥さんが「しょうがないから、私も一緒に拾いました」と言ってました。旅行に行っても、どこでも拾うんだそうですよ。

田中　頭が下がるよ。僕は散らかす方だから。

佐高　そう。そういう人が残念ながら自殺に追い込まれて、腐敗する官僚しかいないと書いた。

田中　議員会館に来て回った後、ほとんど何もしゃべるわけじゃないけど、僕の部屋でお茶飲んで帰るんだよ。

佐高　秀征さんとは、あんまり関係はなかったわけでしょう？

田中　仕事の面での直接の関係はないよ。

佐高　その前も知らないんでしょう、あんまり。

田中　そう。だから、何かがあって知り合ったんだろうな。僕のところに来て、その時に来客があればすぐ帰る。遠慮深い人だから、僕が入れよと言うと入ってきてね。彼は二番で入ったっていうよ。

佐高　そう。国家公務員上級試験の二番なのに、厚生省に行ったんですよ。伊藤正孝という『朝日ジャーナル』の編集長をやった人がいた。山内とは福岡修猷館《しゅうゆうかん》の同期生で、その伊藤さんに書いてくれと言われて書いたんですが、橋龍が同い年なんですね。

田中　一九三七年生まれだったな。

佐高　橋龍、厚生族でしょう。だから、結構付き合いがあって、すごいショックだったわけですよ。

田中　橋龍が？

佐高　そう。山内の遺稿集が出て、それを読んで橋龍が泣くんです。山内さんの娘さんに対して、手紙も書いてる。これがすごくいい手紙なんです。奥さんからその手紙を見せてもらって、引用させてくれって橋龍に手紙を書いたんですよ。無断で引用できませんから。そうしたら、直接、橋龍本人から電話が来たんです。例によって皮肉っぽくね、「悪く書くんじゃないでしょうね」と言うから、違いますよと二回言いましたよ（笑）。

田中 あなたが人を褒めるなんて珍しいんじゃないか（笑）。

佐高 しかし秀征さん、山内って、話して面白い人でしたか。

田中 いや。会って面白い話をしようという人じゃないよ。

佐高 でしょうね。

田中 いても邪魔にならないように、という感じの人だ。

佐高 でも、秀征さんのところには来たがったんだ。

田中 だから、僕には心を許してたんだろうね、恐らく。

佐高 また奥さんの話ですが、『かくも長き不在』というフランス映画があるんですよ。山内さんはそれが好きで五回も見た、奥さんにも一回付き合わせたと。「何で私にそれを見せたのかを、天国から引き戻しても聞きたい」とおっしゃっていましたね。

田中 『かくも長き不在』ね。

佐高　自殺の前々日、山内さんは初めて無断外泊するんです。で、朝になって電話が来て、町田市の自宅に帰ってくるわけ。つまり、死にどころを探したけれども死にきれなくて。ところが、帰ってきた翌日の午前に亡くなるんです。最後は自分のところに帰ってきてくれたと奥さんは言ってました。

単騎出陣できる議員はいるか

佐高　秀征さん、永田町に「湛山議連」というのができたのを知ってますか。二〇二三年三月に立憲民主党内でできたのですが、その後それが与野党にまたがり、同年六月には超党派の「石橋湛山研究会」に発展したんですよ。メンバーは、共同代表が、立憲民主党の篠原孝と自民党の岩屋毅《たけし》、国民民主党の古川元久の三氏、幹事長には自民党の古川禎久《よしひさ》氏という顔ぶれで、勉強会には自民、公明、立憲民主、国民民主、維新などから代理を含めて約五〇人が出席しています。

田中　聞いたことはあるね。

佐高　湛山政治の復権を求めてきた私としても、議連の誕生に異存はないんです。ただ、今この時代に湛山的な思想、哲学を実践するのは生半可な覚悟ではできない、ということだけはここで、言っておきたい。

第一に、湛山の基本スタンスは軽軍備、経済重視であり、岸田（文雄首相の）軍拡とは真っ向から対立するものだが、時の首相と真正面から対決する覚悟はあるのか。第二に、隣の中国との関係だ。湛山は中国との国交回復にも力を尽くした親中派政治家だった。それを知っている田中角栄は、一九七二年、国交正常化交渉のために訪中する時、わざわざ湛山を訪ねている。媚中派《びちゅうは》と言われても中国との友好を続ける覚悟があるのか。

そして第三に、統一教会との関係です。湛山は反共政治家ではなかった。共産主義に恐怖心を持たず、中国やソ連など共産圏との対話も重視した。そこが岸信介から安倍晋三に至る自民党清和会の反共スタンスとは異なる。反共、勝共に凝り固まる統一教会から自民党がどれだけちゃんと抜けられるか。統一教会への決別を与野党超えてやれるのか。リベラルの神髄がまさに問われるところです。統一教会問題に蓋をして湛山を祭り上げたら、湛山は怒り出すだろう。この三つのことができないなら、湛山の名前を冠するなと言いたいんです。

田中　僕は、池田勇人が立ち上げた宏池会は、湛山思想が源流だと思っている。湛山、池田、田中角栄、宮澤喜一というラインが保守本流であり、その末端に連なる岸田文雄首相が宏池会らしさを全く出し切れていないところに問題がある。こういった自民党の行き詰まり、閉塞感の中から湛山コールが出てきている。ある意味、湛山に救いを求めているのが実情じゃないのかな。

佐高　それは並大抵の覚悟ではできませんよと言わねばならないですね。湛山は当時の所属政党を二度も除名されている。それだけ主張が強く、激しかった。

田中　裏金問題のところで指摘したかもしれないが、湛山で一番大事なことは、やっぱり単騎出陣というところだ。旗印を掲げて一人でも走る。後ろを振り向いたら結果的に共鳴者がいっぱい来た、というような感じで、人を集めるような画策はしない。

佐高　支え役の石田博英さんはさぞかしそこに苦労されたでしょうね。その湛山気質というのは、どこから身に付いたんですか。

田中　宗教的なものはあるだろうが、生まれながらのものでもあるね。孤立を恐れずというのは、湛山の非常に大きな資質というか、決定的な資質だね。だから、群れをなさない。政治家としての個性じゃないかな。

佐高　最後に引用したいのは、一九六七年、八三歳の湛山が病床から綴《つづ》った「政治家にのぞむ」です。第三章でも少し紹介しましたが、もう一度読みますよ。

曰く「私が、いまの政治家諸君をみていちばん痛感するのは、『自分』が欠けているという点である。『自分』とはみずからの信念だ。政治の堕落と言われている者の大部分は、ここに起因する。政治家の最もつまらないタイプは、自分の考えを持たない政治家だ。金を集めることが上手で、大勢の子分を抱えているというだけでは本当の政治家ではない」。

これをもって対談を終わりたいと思います。

あとがきに代えて――小日本主義の要諦

田中秀征

現在、宮澤喜一元首相の静かなブームが起きている。それは伝記本（高橋輝世『宮澤喜一の足跡―保守本流の戦後史』旬報社、二〇二四年）が出たり、記念館（福山市）ができたり、大量の日録が発見されたりしたこともあるが、何よりも劣悪な政治の現状が、氏を呼び出しているのだろう。

かつて、石橋湛山の一番弟子と言われた石田博英は私に、「宮澤君も湛山先生の信奉者だ」と言ったことがあるが、宮澤自身も最も尊敬する政治家として石橋湛山を挙げていた。

私の学生時代、六〇年代の初頭に、石田と宮澤は「ニューライトの旗手」と言われ、将来の新しい保守の指導者として期待されていた。

二人とも戦前に、J・S・ミルの『自由論』と『東洋経済新報』を愛読し、言わば筋金入りの自由主義者であったと言ってよい。そして、石橋湛山に心酔していたのである。

私は二人に、「石橋先生のどこを尊敬していたのですか」と荒っぽい質問をしたことがある。その答えは「小日本主義の思想です」と同じであった。

縁あって宮澤は第一次吉田内閣での石橋湛山蔵相の秘書兼通訳としてGHQとの交渉に随行した。石田は、湛山が政界入りすると、石橋内閣をつくろうと、自分も新聞記者から政治家に転身した。二人とも若くして現実政治の場で小日本主義の実現に携わることになったのだ。

湛山や宮澤の小日本主義は、世界の隅で他国に迷惑をかけないように生きていくというような消極的な姿勢ではない。資源が少なく、国土が狭く、人口が多いという悪条件の中にあっても世界に貢献する道はあると考える。

湛山は「国民の全力を学問技術の研究と産業の進歩とに注ぐ」ため「兵営の代わりに学校を建て、軍艦の代わりに工場を設けるべし」と強調した。

宮澤は八〇年代の初頭、「日本はこれからも経済成長が必要で、そのために新しい技術開発の先頭に立つべき」と、教育、研究の重視を最優先課題と訴えた。当時、宮澤は石油ショックで途絶えた成長を横目に、日本経済の第二次飛躍が、半導体、新素材、マイクロエレクトロニクス、バイオの四つによって可能になると私に断言した。そして、科学技術で先頭を走っている限り、日本は衰退しないし、世界に大きく貢献できると力説した。

近年、半導体の需要が急増した時、コロナでワクチンの必要性が高まった時、私も含め多くの人が日本の出番が来たと錯覚しただろう。しかし、いつの間にか、科学技術で先頭を走っていた日本が次々と他国に追い抜かれ、後尾に押しやられていたのだ。

二〇二一年、地球温暖化問題の先駆者としてノーベル物理学賞を受賞した真鍋淑郎氏の記者会見での発言は衝撃的だった。

「私は人生で一度も研究計画書を書いたことがありませんでした」という発言は格別に強烈で、日本の学術研究の実態をまざまざと教えてくれた。要するに、日本では補助金をふりかざして行政や、その意を受けた大学当局が、勝手な介入をして自由な研究を阻害しているということだ。非専門家が専門家の運命を左右する権限を握っているからだろう。

特に、国立大学の法人化以来、学術研究の劣化が著しいと、多くの誠実な研究者が訴えている。文科省と大学当局が進めている〝選択と集中〟は、研究現場の自発性や意欲を削《そ》ぎ落としてしまった。実用的な分野に集中的に資金が分配され、基礎研究が軽視されるようになった。使途が割合自由な交付金が激減し、研究室は殺伐とする一方だという。真鍋氏の発言は、こうした政治と行政の劣化に警鐘を鳴らすものだ。

科学技術政策の失敗や日本の研究力の低下を示す数字は数多いが、一例として、いわゆる「トップ一〇%論文」の数で、世界一三位にまで沈んだことを挙げたい。二〇年前の四位から低落が止まらないのである。これでは、〃自立した小日本〃は夢のまた夢となり、常に他国に依存する国になってしまう。宮澤元首相が何度も身を乗り出して語ったのは「ODAのトップの座だけは続けたい」ということ。これも現在では米、独に抜かれている。残念ながら、経済が停滞すれば、そうなるのは当然だ。

今、大学人が異口同音に語るのは、今世紀に入ってからの学術研究力の著しい低下だ。真鍋氏は、地球温暖化ばかりか、日本の研究力の低下、それによる日本経済や日本社会の停滞をも見通していたということだ。

近年、石橋湛山研究が盛んとなり、政治家の信奉者も多くなっている。それなら率先して学術研究の場をより自由に、より豊かにすることに努めて欲しい。なぜなら、湛山今あらば、何をおいてもこの問題に全力を集中すると思うからだ。

田中秀征（たなか しゅうせい）

一九四〇年、長野県生まれ。元衆議院議員。著書に『自民党本流と保守本流』（講談社）、『新装復刻 自民党解体論』『小選挙区制の弊害』（ともに旬報社）、『平成史への証言』（朝日新聞出版）など。

佐高 信（さたか まこと）

一九四五年、山形県生まれ。著書に『湛山除名』（岩波現代文庫）、『西山太吉 最後の告白』（集英社新書）、『統一教会と創価学会』『佐高信評伝選』（ともに旬報社）、『お笑い維新劇場』（平凡社新書）など多数。

石《いし》橋《ばし》湛《たん》山《ざん》を語《かた》る

いまよみがえる保《ほ》守《しゅ》本《ほん》流《りゅう》の真《しん》髄《ずい》

集英社新書一二三七A

二〇二四年一〇月二二日 第一刷発行

著者……田中秀征《たなかしゅうせい》／佐高《さたか》 信《まこと》

発行者……樋口尚也

発行所……株式会社集英社

東京都千代田区一ツ橋二-五-一〇 郵便番号一〇一-八〇五〇

電話 〇三-三二三〇-六三九一（編集部）

〇三-三二三〇-六〇八〇（読者係）

〇三-三二三〇-六三九三（販売部）書店専用

装幀……原 研哉

印刷所……大日本印刷株式会社 TOPPAN株式会社

製本所……加藤製本株式会社

定価はカバーに表示してあります。

ISBN 978-4-08-721337-9 C0231 Printed in Japan

a pilot of wisdom

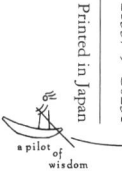

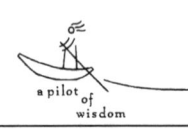